RAMONA VEDA

Die heilenden Gesetze der Liebe

RAMONA VEDA

Die heilenden Gesetze der Liebe

Wie durch die Kraft
und das Erkennen der Liebe
Heilung geschehen kann

Giger Verlag

1. Auflage 2016
© Giger Verlag GmbH, CH-8852 Altendorf
Telefon 0041 55 442 68 48
www.gigerverlag.ch
Lektorat: Monika Rohde
Umschlaggestaltung:
Hauptmann & Kompanie Werbeagentur, Zürich
Layout und Satz: Roland Poferl Print-Design, Köln
Druck und Bindung: GGP Media GmbH, Pößneck
Printed in Germany

ISBN 978-3-905958-88-1

Inhalt

Einleitung

Dieses Buch führt dich in ein tieferes Bewusstsein, um deine Selbstheilungskräfte, deine Herzenskraft und deinen Geist in die Lage zu versetzen, die wahre Liebe in dir wirken zu lassen. Alle meine Sätze sind codiert und werden dich durchs wiederholende Lesen im Buch spüren lassen, was es vermitteln möchte. Nutze es zusätzlich als Orakel und schlag es einfach zu einer Frage auf. Ich freue mich sehr über dein Vertrauen.

Die Entstehung dieses Buches

Bereits seit vielen Monaten hatte ich den starken Impuls, mein nächstes Buch zum Thema Gefühle zu schreiben und zu veröffentlichen.

Für viele Menschen ist es ein schwieriges Thema, über die eigenen Gefühle zu sprechen. Sie haben Angst davor, ihre Gefühle zu spüren. Tief in die eigenen Gefühle zu gehen, kann schmerzhaft sein. Sie haben Angst zu versagen, wenn sie loslassen sollen. Sie haben Angst, die Kontrolle über sich zu verlieren. Sie haben Verlustängste und zweifeln an ihrem Glauben und arbeiten somit gegen sich selbst.

Meine Intention ist es zu vermitteln – zwischen den Welten, zwischen Mensch und Gefühl, zwischen Himmel und Erde, zwischen Körper, Geist und Seele. Eine beseelte Herzarbeit, die das Gefühl vermittelt, das Beste zu tun und getan zu haben, um dem Menschen ein Anker zu sein. Ich möchte die Menschen an ihre Herzenskraft erinnern, zeigen, was Liebe ist und was sie tun können, wenn es ihnen nicht gut geht.

An dieser Stelle nenne ich es Herzensbildung in der Zeit des geistigen Klimawandels. Umdenken und Umfühlen ist in dieser Zeit von großer Wichtigkeit. Täglich denke ich darüber nach, wie ich alles das, was ich in mir trage, nach außen vermitteln kann. Am meisten bewegen mich derzeit die Geschehnisse in Europa und auch die Gesamtsituation auf unserem Planeten Erde. Viele Menschen suchen Antworten auf ihre Ängste. Sie sind besorgt, und das mit Recht. Ich wage mich, das so auszudrücken, denn wegschauen wird niemandem helfen.

Mit meinem Buch möchte ich dir keine Angst machen, sondern Mut geben. Ich werde dir einen Weg und die Möglichkeit zeigen, sodass du in jeder Situation im Leben und im gesamten Weltgeschehen immer wieder die Chance bekommst, etwas zu tun. Durch das Bewusstwerden öffnen sich neue Tore deiner persönlichen Ermächtigung. Wie oft du das auch immer schon gehört oder gelesen hast, es ist wichtig aufzuwachen und hinzuschauen. Es wird dir so lange begegnen, bis du es erkannt hast und selbst lebst. Ich möchte dich gern dabei begleiten.

Ich habe mir Gedanken darüber gemacht, was das Stärkste sein könnte, was ich dir vermitteln kann, um *dich* ansprechen zu können und um *dich* zu unterstützen, mehr Sicherheit in dir zu gewinnen.

Es ist der Weg in die machtvolle Herzenskraft, in die Verbindung zum eigenen göttlichen Funken. Mein Wunsch ist es, dass diese Liebe in dir fließt. Dass du genau weißt, was diese Liebe ist, die du in dir trägst, dass du dir über deine unendliche Kraft deines Herzens bewusster wirst. Und dass du so viel Stärke und Glauben in dir gewinnst, sodass du nicht aufhörst zu glauben, sondern beginnst, du selbst zu sein. Dieses Buch ist für dich. Es ist für deine liebe Seele, für dein kraftvolles Herz, für dein engelhaftes Wirken hier auf Erden.

✧ Danke, dass es dich gibt.
✧ Danke für deine Liebe, und genau für diese gilt es jetzt (ein)zustehen:
✧ Es wird Zeit, sich zu verankern – in dir, in deiner dir innewohnenden Liebe.

Niemand kommt umhin, sich in sich und seiner Liebe zu verankern. Jeder ist (auf)gefordert, immer wieder zu sich selbst zu finden, in sich zu gehen und sich mit seinen inneren wahren Werten zu verbinden. Wer in dieser unruhigen Zeit nicht in der Lage ist, in sich selbst Entspannung, die nötige Ruhe und vor allem Liebe zu finden, der wird sich zwangsläufig in der Außenwelt verlieren, deren Zwängen er nicht standhalten kann, wenn er nicht lernt, sich selbst zu halten – sich selbst den nötigen Halt zu geben.

Jeder ist gemeint. Egal, welchen Beruf, welchen Status, wie viel Geld jemand besitzt – alle diese Äußerlichkeiten werden dem Menschen nicht helfen können, sie werden ihm nicht nützen, wenn er nicht in der Lage ist, in sich zu gehen – sich zu fühlen. Sich in sich wohlzufühlen.

Dieses Buch möchte dir eine Stütze sein, sodass du dich schließlich selbst halten und immer wieder zurückholen kannst, was auch immer das Außen dir bietet oder entzieht. Dieses Buch unterstützt dich dabei, zu dir selbst zu finden und deine dir innewohnende Kraft zu nutzen. Die Kraft, die dir niemand nehmen kann, da du selbst der Ursprung dieser heilenden, strahlenden und niemals versiegenden Kraft bist – die Kraft der Liebe.

Alles, was in diesem Buch steht, lebe ich selbst – jedes Wort, in jedem Augenblick. Mein Wissen ist mein Leben – jeden Tag – in jedem Moment – bei jedem Atemzug. Meine Lehrer sind in meinem Leben – hier auf Erden, im Himmel und im Universum, in *allem*. Ich lebe tiefe Dankbarkeit für all mein Wirken – für all das Gute und für das Licht. Meine Liebe dient dem Menschen, auf den ich zähle. Der Friede in meinem Herzen ist das Göttliche, das Geschenk aus meiner unendlich geliebten Quelle.

Bevor du mit der Lektüre beginnst, bitte ich dich um eines: Definiere Gott und den Begriff des Göttlichen beim Lesen für dich so, dass du keine Berührungsängste in dir fühlst. Nenne es Liebe, All-Eins, Licht, Energie – du entscheidest, was für dich stimmig ist.

Ich danke dir für dein Sein und wünsche dir und deinem Herzen, die Kraft der Liebe zu (er)leben.

Liebe heilt immer.

Ramona Veda

Was ist Heilung?

Hier eine kurze Begriffserläuterung:

Der Begriff Heilung
- ✧ bezeichnet den Prozess der Selbstheilung. Die Genesung durch die Wiederherstellung der körperlichen und seelischen Integrität aus allem Leid.
- ✧ steht für die Aufrichtung der Gedanken (geistiges Gut) und der inneren Haltung, die die Aufrichtung des Körpers mit sich ziehen.
- ✧ steht für die Ausrichtung eines neuen Wegs. Die Entscheidung, etwas in der Tat für seine Genesung in seinem Leben zu verändern.

Heilung ist der Einklang von Körper, Geist und Seele

- ✧ Heilung bedeutet *heil* werden sowie *heil sein* und *heil bleiben*. Heilung ist die Absicht, sich in sich wohlzufühlen. Selbst daran zu glauben, dass die Macht der Selbstheilung dir innewohnt. Ganz tief im Körper, in dir.
- ✧ Heilung ist die Absicht, für und in dir die Harmonie und das Gleichgewicht zu halten. Heilung ist die Inten-

tion, in der Allgegenwart gesunde Absichten zu pflegen und dich fortwährend in deinem Bewusstsein weiterzuentwickeln.

✧ Heilung ist die Entscheidung, innerlich frei zu sein, sich nicht manipulieren zu lassen. Sich zu bemühen und sich Unterstützung zu holen, um dies zu erkennen.

✧ Heilung ist die Absicht, du selbst zu sein. Sich nicht zu verstellen, um anderen einen Gefallen zu tun.

✧ Heilung ist pure Liebe. Die Entscheidung, lieb und sanft mit dir umzugehen.

✧ Heilung ist der Glaube an das eigene innere Licht, die Verbindung zum inneren Kind. Heilung ist die Erkenntnis, gemeinsam mit dem inneren Kind wachsen zu wollen.

✧ Heilung bedeutet hinhören.

✧ Heilung bedeutet hinsehen.

✧ Heilung ist bewusstes Fühlen – tief in den Körper hinein, in die Seele, in das Herz.

✧ Heilung ist Zeit. Zeit für dich. Zeit, die dir keiner wegnehmen kann. Gönne dir deine Zeit *für* dich und nicht gegen dich.

✧ Heilung geschieht in dir. Heilung geschieht dort, wo sie Platz und Raum findet zur Ausdehnung. Es bedeutet, liebevolle Aufmerksamkeit in das Herz, in die Seele, in die erkrankten Körperareale zu senden.

✧ Heilung ist die Antwort darauf, warum Krankheit oder Traurigkeit einstmals entstanden sind.

✧ Heilung braucht eine klare Entscheidung, Absicht und Aufmerksamkeit. Jeder Aufmerksamkeit folgt Energie.

✧ Heilung ist Stille.

✧ Heilung ist Meditation, um sich bewusst werden zu können, was du willst und vor allem, was du brauchst.

✧ Heilung ist der Mut, die nächsten Schritte zu gehen. In diesem Augenblick, für dich in Frieden.

Wisse es nicht nur, tue es, damit es gelebt werden kann.

Der Weg zur Heilung

Um den Weg der Heilung auf körperlicher, geistiger und seelischer Ebene zu erkennen, sollte vorerst von dir die Entscheidung getroffen werden, dass du dich für dich selbst öffnest und bereit bist, die Wahrheit anzuschauen. Es ist wahrhaftig ein göttliches Geschenk, sich der Liebe Gottes, des Höchsten, hinzugeben. Zu vertrauen, dass für jeden einzelnen Menschen die Möglichkeit besteht, den Weg der Heilung zu gehen. Wenn du tief an deine Liebe glaubst – wenn du weißt, dass es sie gibt, und auch selbst, wenn du sie noch nie erfahren konntest – öffnest du dir jetzt in diesem Augenblick die Tür dafür und steigst ein in deinen eigenen Lebens-Zug – um deinen *Lebensweg* in Bewegung zu halten, bist bereit für deinen Wunsch etwas zu tun.

Es gibt immer einen Ausweg
Als Erstes: Entspannen. Das bedeutet, die Spannung aus dem Körper und aus dem Leben nehmen, die dich stagnieren

lässt, die dich blockiert und die die Energie nicht fließen lässt. Ebendiese Energie, die Heilung fördert und erfolgreich bringt.

In deinem Lebens-*Zug* kannst du dich entspannen. Immer mehr und mehr. Du fühlst dich getragen auf deiner Lebenswelle, ohne dass du wieder aussteigen musst.

Der Einstieg: Das Leben positiv betrachten. Es ist unglaublich, fantastisch und besonders – hier zu sein, hier auf Erden zu leben, die Natur zu genießen. Findest du die Möglichkeit, immer wieder neue Entscheidungen treffen zu können, auch positiv? Du hast jeden Tag die Möglichkeit, *für* dich in *deinem* Leben Entscheidungen zu treffen, die dich weiterbringen, die dich lenken, führen, dich heilen, dich unterstützen, ein besseres Leben zu führen, um mehr Leichtigkeit und Gelassenheit zu erleben.

Es darf dir ein positives Gefühl vermitteln, dass du die Möglichkeit hast, dass *du* dein Leben in die Hand nehmen kannst. An jedem Tag, in jedem Augenblick, indem es dir allein schon möglich ist, das Leben überhaupt wahrzunehmen und dich in deinem Leben zu spüren. Tiefe Atemzüge bewirken, dass die Energien in deinem Körper in Bewegung geraten, deine Organe mit Sauerstoff versorgt werden, dein Nervensystem stimuliert wird und die Selbstheilungskräfte aktiviert werden. Auch bewirken tiefe regelmäßige Atemzüge, festgefahrene Gedanken und Muster immer mehr loszulassen, um mehr Klarheit im Leben zu gewinnen. Erfahre und finde den Mut, durch tiefe, lange Atemzüge die tiefe Liebe, die in dir wohnt, in dein Leben einfließen zu lassen und Frieden zu erfahren.

Selbstheilungsprozesse und Heilungsmöglichkeiten stehen dir immer zur Verfügung. Es ist das Licht, das dich lenkt. Das Positive, das dich führen kann, wenn du dich klar dafür entscheidest. Die Liebe ist das, was dich braucht, um wirken zu können. Versteh in diesem Augenblick, dass du mit positiver Einstellung und der inneren Haltung der Dankbarkeit oder manches Mal auch durch Grenzen setzen und Schranken zuweisen, zu deiner Liebe findest. Diese Liebe leitet und begleitet dich in deinem Leben – sie führt dich somit auf einen unbeschwerten, leichteren Weg.

Die Positivität, die positive Einstellung, in erster Linie dir selbst gegenüber, ist ein Tor zur inneren Freiheit. Ein Weg, den es sich lohnt zu gehen. Alles, was jemals war, mit wem oder was auch immer – schenke dem dein Verständnis. Jeder geht seinen Weg. Jeder handelt so, wie er kann und durch das, was ihm in diesem Moment gegeben ist.

Es gibt viele Züge, jedoch ist nur einer für dich bestimmt. In diesem darfst du dich ausdehnen und entspannen. Entspannung lässt dich positiv sein und die Energien in dir fließen. Durch deine Entscheidungen werden die Energien genau an den Ort in deinem Körper gelenkt, wo sie sich wohlfühlen und somit auch du. Steig ein in deinen Zug und beginne die Reise. Jetzt, in diesem Augenblick.

Beweg dich heraus aus den alten Dramen und tiefen Verletzungen und geh den direkten Weg der Heilung. Geh über alle Dramen und Verletzungen, die jemals waren und noch sind. Ziehe jetzt einen Schlussstrich. Entscheide dich für deine Veränderung – für deine Heilung.

Werde dir nicht nur über *deine* in dir schlummernde Kraft bewusst, sondern erlebe auch, dass es diese Kraft tatsächlich gibt. Wenn du deine eigene Kraft wieder fühlst, dann lebst du in einer Welt, die es nicht mehr erlauben wird, dass du dich quälst.

Wenn Zuversicht oder Vertrauen verloren gegangen sind, werde dir klar, was genau du in der Vergangenheit verloren hast und was du heute wirklich willst. Genau jetzt ist der richtige Zeitpunkt, einen anderen Weg einzuschlagen, um die Veränderung in vollen Zügen bewusst wahrnehmen zu können. So groß das Leid auch sein mag, komm heraus aus dem Leid. Gib nicht auf und sorge für deinen Körper, deinen Geist und dein Seelenherz. Alles, was war und ist, sind Lehrer für unbestimmte Zeit, die dich auf deinen eigentlichen Weg bringen möchten. Der Weg, den du erkennen wirst, führt dich definitiv aus alten Schmerzen und Mustern genau zu dem, was du dir schon immer gewünscht hast – *dich in deiner Wertschätzung und Liebe zu finden.*

Befreie dich! Schenke dir durch diese heilenden Worte augenblicklich deinen eigenen Weg zur Erlösung. Genieße die Schwingung in diesem Buch, die dich vieles erkennen lassen wird, und du wirst bereit sein, alte Geleise loszulassen und dem Neuen mit offenen Armen zu begegnen. Steh auf und finde Mut für deine Heilung.

Liebe

Wo nimmt die Liebe ihren Anfang?

Wo liegt der Ursprung der Liebe? Spring in dich selbst hinein, lass los und finde Halt – in dir selbst! Die Liebe entspringt aus dem Menschen, aus der bewussten Erkenntnis und der Entscheidung für sich selbst. Die Entscheidung für die Liebe ist immer auch eine Entscheidung für dich selbst. Fühlst du dich? Fühlst du dich wohl? Wie gehst du mit dir um? Wie gehst du mit anderen um?

Die Liebe zielt darauf, sich selbst zu leben, du selbst zu sein. In der Liebe zu sein, heißt bei dir zu sein. Liebe ist nicht ohne Licht und ohne Licht gibt es keine Liebe.

Zu lieben bedeutet zu sein – selbst und wahrhaftig. Die Liebe entspringt aus dir, aus der bewussten Erkenntnis und Entscheidung für dich selbst. Die Entscheidung für die Liebe ist immer auch eine Entscheidung für dich selbst.

Die Liebe zielt darauf, dich selbst zu leben, du selbst zu sein. In der Liebe zu sein, heißt bei dir zu sein. Zu lieben bedeutet zu sein – selbst und wahrhaftig.

Liebe ist

Liebe ist für mich keine Emotion. Sie ist vielmehr eine Entscheidung. Die Entscheidung, wie man mit sich und anderen Menschen umgeht. Liebe entspringt aus einem Funken – in der 3. Dimension ist das die *Absicht, du selbst zu sein, dich selbst zu erschaffen*. Liebe ist nie ohne Licht. Hier ist der Ursprung. Das Gefühl der Selbstliebe ist der erste Schritt in die Vollkommenheit in dir. Durch die Absicht, das Gefühl des in sich Verliebtseins jeden Tag zu wiederholen und dadurch zu fördern, entsteht ein Gefühl auf der gesamten Zellebene, das die Zellen vibrieren lässt und ein Energiefeld aufbaut. Ein Energiefeld voller Stärke, Wärme und Schutz.

Der Mensch lebt täglich in einem Herzschmerz, in dem er reagiert, handelt und entscheidet. Gerade dieser Schmerz fordert ihn immer wieder heraus, die Liebe zu suchen, sich die Frage zu stellen und somit der Antwort hinterherzulaufen, was Liebe wirklich ist. Wahre Liebe und Selbstliebe führen den Menschen zu klaren Entscheidungen, denn Liebe dient immer dazu, zum Glück und zur Freude seinen eigenen Weg zu gehen, in voller Klarheit und ohne Zweifel. Das ist das Licht, das die pure Absicht in sich birgt, die dem Menschen eigene innewohnende Welt zu erschaffen. Durch sein Licht ist der Mensch fähig, eigene Entscheidungen aus sich selbst heraus zu treffen. Hieraus entspringen klare Gedanken – lichtvolle, positive Gedanken.

Jede Entscheidung, die du triffst, zeigt, wie du mit dir umgehst und dadurch, wie lieb du dich (bereits) hast. Der

Mensch in der heutigen Gesellschaft besteht mehrheitlich aus Zwang, Gier, Hast, Missgunst, Schmerz, tiefer Traurigkeit.

Wie viel von all dem ist er noch fähig zu (er)tragen und vor allem, wofür erträgt er das alles? Für sich? Der Mensch sollte für seine Werte und Qualitäten stehen. Diese dienen ihm als nährende Flüssigkeit, um sich selbst zu (er)tragen, auszudehnen und zu verwirklichen. Ein Mensch der heutigen Zeit (er)trägt allzu viele negativen Gefühle in Form von Trauer, Sorge, Angst, Neid, Leid etc. Er trägt sie in Form von Tränen, um sich selbst ertragen zu können. Aber auch diese dienen ihm, indem sie dem Menschen zeigen, was in ihm weilt. Hier begegnet er ebenfalls der Liebe zu sich selbst.

Der Ursprung der Liebe für den Menschen ist somit auch das Beobachten von sich selbst:

✧ Wie viel Positives wird gedacht, gefühlt oder umgesetzt?
✧ Wie viel wird in Hast erledigt?
✧ Wie viel wird gegen und nicht für sich getan?
✧ Ist der Mensch fähig, jetzt für sich eine neue Welt zu erschaffen?
✧ Was ist der Mensch bereit, dafür zu tun?
✧ Was tut der Mensch bereits dafür?

Es geht darum, dich selbst kennenzulernen, indem du dich beobachtest und somit erfährst, was da in dir wartet, schlummert, trauert oder verwirklicht werden möchte. Zu erfahren, was und wer du bist, bedarf der Zeit für dich selbst, um dich kennen und lieben zu lernen.

Liebe entspringt aus der Absicht, sich wahrhaftig selbst zu lieben. Den Mut zu haben, durch ebendiese Tränen zu gehen, sich zu wandeln, sich selbst kennenzulernen.

Liebe entspringt aus der Bewegung – ich muss mich bewegen, um etwas entstehen zu lassen, meinen Weg zu gehen – dann entspringt (meine) Liebe aus dem Licht.

Liebe ist das Hineinfallen in sich selbst, ohne zu wissen, wo die Reise hingeht. Gleichzeitig wird dies unterstützt durch die Kraft des tiefen Glaubens an das Göttliche. Die Schöpferkraft führt diese Reise – die Reise in dich selbst – zu deinem wahren inneren Reichtum und Wert.

Der Weg zu dir – der Weg der Liebe. Folge ihm und finde: *dich*!

Der Weg der Liebe

Die zehn Schritte zu dir selbst:

1. Die Absicht, du selbst zu sein
2. Vergebung
3. Geben
4. Nehmen
5. Vertrauen und Glaube
6. Richtig atmen und entspannen
7. Im Fluss des Lebens
8. Freude, Leichtigkeit, Humor
9. Tiefe Dankbarkeit
10. Wertschätzung – einen Anker in dir selbst setzen!

1. Die Absicht, du selbst zu sein

Trage die Absicht in dir, *gern* zu leben. Trage die Absicht, gern *in dir* zu leben. Öffne dich für dich selbst, indem du zu dir stehst.

Das klingt leichter als getan? Bevor du dich nun in Gedanken verstrickst, halte inne. Urteile und bewerte dich nicht. Lass es sein! Lass dich sein!

Du brauchst in diesem Moment nichts zu tun. Lass dich einfach gut sein und triff eine Entscheidung für dich! Die Absicht zu dir selbst ist alles, was es nun zu erklären gibt. Nicht mehr und nicht weniger. Entscheide dich – für dich! Jetzt!

Nun geh mit dir auf eine kleine Reise – mit der Absicht, zu dir selbst zu kommen!

Übung

Stell dir vor, dass du auf einem wundervollen, prachtvollen Boden stehst. Dieser Boden leuchtet in der Farbe deiner Wahl, oder du nimmst bereits, wie von allein, eine Farbe wahr. Dieser Boden ist unendlich weit um dich herum.

Du hältst eine Blume in der Hand. Du fühlst dich in diese Blume hinein, die für deine Selbstliebe steht. Atme immer tiefer in die Blume hinein und hinaus. Sieh den Weg der Atmung und beobachte sie. Immer und immer wieder. Komm zur Ruhe.

Nimm dir Zeit. Dieser Moment und diese Minuten gehören dir. Neige deinen Kopf leicht nach unten, halte deine Augen geschlossen und verweile in dieser Haltung.

Atme langsam tief ein und aus, bis du dich wirklich spüren kannst. Sprich in deinem Geist: »Ich bin tief in mir – ich nehme mich voll und ganz wahr – in meiner Präsenz.« Wiederhole diesen Satz und versuche, dich nun nicht mehr zu bewegen.

Durch jeden bewussten, kraftvollen Atemzug gelingt es dir immer mehr, die Aufmerksamkeit und Energie für dein Ziel zu (er)halten.

Auch wenn es schwerfällt: Schenke dir die Zeit für die Übungen. Wähle die aus, die dich ansprechen, um dich darin zu verwirklichen – in deinen Absichten und um zu lernen, dir selbst zu vergeben. Es sind leichte Übungen, die dir helfen, klare Absichten für dein Leben zu erkennen.

Bevor du nun weiter auf die Reise gehst, möchte ich dir gern noch ein Bild mitgeben: Hole dir ins Bewusstsein, wie sehr sich deine Mutter, deine Eltern auf deine Geburt gefreut haben. Wie gut oder schlecht es ihnen auch immer ging. Wie sehr sie sich bewusst darüber waren, welch ein wundervolles Geschöpf zu ihnen auf dem Weg war. Du bist ein Geschenk der Liebe – aus Liebe. Das Geschenk der Liebe deiner Eltern und/oder das Geschenk der Liebe für deine Eltern.

Welchen Weg du gegangen bist: *Es gibt den Ursprung der Liebe*, wie weit weg er sich auch anhören und anfühlen mag. Was auch immer du in diesem Moment spürst, welche Bilder dann vor deinem geistigen Auge erscheinen mögen. *Wisse, dass du willkommen bist!* Es soll keine unehrliche Aussage sein, wenn du erfährst, dass es sich lohnt, für seinen Geist zu kämpfen – für dich zu kämpfen – in Liebe, in der Stille, in der Aufmerksamkeit – in reiner Absicht zu dir selbst!

2. Vergebung

Um sich und somit anderen wirklich vergeben zu können, ist es wichtig, dir deinen Ursprung anzusehen. Deine Mutter ist der Ursprung deiner Schöpfung in diesem Leben. Was auch immer geschehen ist, welche Gefühle du auch immer für deine Mutter pflegst und hegst, welche Erinnerungen oder Gedanken du mit deiner Mutter verbindest – sie ist und bleibt deine Mutter. Sie ist dein Ursprung – du bist aus ihr entsprungen. Mach dir eure Verbindung bewusst. Vielleicht steht ihr euch sehr nahe – vielleicht lebt ihr eher die Distanz –, was immer euch verbindet: Es ist wichtig, dass du dir diese Verbindung bewusst machst, und dass du ihr vergibst. Für sie, aber vor allem auch für dich. Sei dir bewusst, sie ist dein Ursprung.

Vielleicht stand deine Mutter oft mit dem Rücken zur Wand und wusste es in manchen Momenten nicht besser. Vielleicht sind manche Dinge für dich nicht nachvollziehbar. Eventuell hast du das Gefühl, deine Mutter gar nicht wirklich zu kennen. Vielleicht aber möchtest du jetzt auch einfach noch einmal dieses tiefe Band, das euch verbindet, spüren.

Im Moment geht es nur darum, sich jetzt noch einmal bewusst zu machen, was hier bei deiner Mutter – deinem Ursprung – noch auf dich wartet. Werde dir in diesem Augenblick erneut bewusst, dass durch die Liebe, die mit Vergebung, Geben, Nehmen und Freude verschmolzen ist, eine tiefe Verbindung zu deinem Ursprung entsteht, die dich heilen kann.

Deine Gedanken und Gefühle über deine Mutter, was beinhalten sie? Was trägst du von deiner Mutter in dir? Sie trägt, so wie du, die Herzenskraft, die Kraft zu lieben für ihr Kind/ihre Kinder in sich. Sie trägt, so wie du, einen Urinstinkt, wie eine Wölfin, in ihrem Herzen. Sie will nichts verlieren, was durch sie lebt, durch sie erschaffen wurde. Vor allem, wenn es um ihre Kinder geht – ihr eigen Fleisch und Blut. Erinnerst du dich daran? Kannst du diese Liebe spüren?

Bewusstseinsübung Kommunikation mit deiner Mutter
Während du das hier liest, kannst du dich für einen inneren Dialog mit deiner Mutter öffnen. Sprich dich bei ihr aus. Was auch immer du fühlst, sage ihr alles. Sprich es im Geiste oder auch laut aus. Sage all das, was dir auf dem Herzen liegt! Versuch, durch die kommenden Gefühle zu gehen. Nimm dir die Zeit, die du dafür brauchst. Sabotiere dich in diesem Moment nicht selbst. Sage es laut, egal was kommen mag.

Wiederhole diese Übung, wenn es dir schwerfällt. Es soll von Herzen kommen. Auch wenn du einen Schmerz, eine Enttäuschung spürst, reise durch dieses Gefühl und werde ruhiger. Wenn du es ausgesprochen hast, sag in deinem Geist: »Liebe Mutter, ich vergebe dir auf allen Ebenen bedingungslos. Ich gebe dir nun all deine Seelenanteile zurück, die ich von dir in mir trage und die ich nicht mehr brauche. So bitte ich dich, liebe Mutter, auch mir alle meine Seelenanteile zurückzugeben, die du von mir in dir trägst und loslassen möchtest.«

Diese Übung kannst du mit allen Menschen durchführen, bei denen du das Gefühl hast, dass irgendetwas zwischen euch steht. Es ist ein wundervoller Anfang, und immer auch ein weiterer Schritt zu dir und in dich selbst. Ein Anfang auf dem Weg, auf dem du dich immer mehr erfahren und kennenlernen wirst.

Das Gleichgewicht in deiner Gefühlswelt wieder herzustellen, ist lichtvoll. Lerne dich verstehen und dich sein zu lassen. Du darfst in deiner eigenen Geschwindigkeit erfahren, was genau die Gefühle mit dir gemacht haben, wo sie herkamen und durch welche Gedanken sie ausgelöst wurden. Es geht ums Erkennen, worum es sich wirklich gehandelt hat. Mögen diese Erkenntnisse liebevoll in der nächsten Zeit dein Bewusstsein erreichen. Danke tief aus meinem Herzen, geliebte Mutter.

Ein kleiner Denkanstoß

Vergebung ist sehr wichtig. Vergeben bedeutet, dem tiefen Wissen zu folgen, dass jeder das macht und weitervermittelt, was er in sich trägt.

Manchmal sind Gefühle wie Schuldzuweisungen gegenüber der Mutter (oder einem anderen Menschen) nur aus dem eigenen inneren Druck heraus entstanden. Dem Druck, mehr haben zu wollen oder etwas anderes erwartet zu haben, auch von sich selbst.

Doch vergiss nicht: Eine große Hilfe und ein wahres Geschenk an eine Mutter ist, wenn sie das tun darf, was sie am besten kann: Mutter sein – mit Leib und Seele. Denn das ist ihr natürliches tiefes Bedürfnis! Wenn das verloren gegangen ist, könnte es sein, dass es ihr schon durch ihre eigene Mutter verwehrt wurde. So hat sie es übernommen. Nun bist du hier: Vergib, so war es nicht vergebens. Vergebung bedeutet, den alten Weg zu verlassen und seinen eigenen tiefen Bedürfnissen wieder näherkommen zu können. Was wartet dort auf dich? Vergib und gib dir, was du wirklich brauchst, dann wirst du es auch annehmen können, wenn es zu dir kommt. Durch das Gefühl des Vergebens wirst du die Werte des Gebens und des Nehmens besser wahrnehmen können.

Vergib dir selbst ohne Frust
Vergib dir selbst, dass es dir bis zum heutigen Tage nicht bewusst war.
Du hast alles in dir. Du konntest und kannst dir nicht alles auf einmal ins Bewusstsein bringen.
Doch irgendwann ist der richtige Zeitpunkt.
Lauf nicht weg – vor dir selbst. Stell dich deinen Herzenskräften, indem du lieb zu dir bist.
Du wirst die Antworten nun besser in dir sehen können.
Vergeben – Sanftmut und Edelmut. Ein wundervoller Nährstoff für die Seele.

3. Geben

Geben ist eine Gabe. Wahres Geben ist Hingabe. Hingabe dir selbst gegenüber. Du gibst dich (dir selbst) hin und erfährst dadurch Selbstliebe. Die Gabe zu geben geschieht somit von Herzen. Aus dem Herzen geben zu können, ist wahrhaftig ein Geschenk, welches genau das vermittelt, was du selbst brauchst und anderen vermitteln möchtest: Du vermittelst den Wert, wertvoll zu sein.

Hier entsteht das Gefühl der tiefen Freude. Geben und Nehmen ist im Gleichgewicht. Wenn du gibst, solltest du nichts erwarten. Von Herzen geben ist ein lichtvolles Geschehen, welches geschieht ohne zu (er)warten, was dann passiert.

Sei geduldig mit dir selbst, wenn du noch damit haderst, wenn es dir scheinbar nicht gelingen möchte, wirklich zu geben. Gib dir all die Dinge, die du brauchst, ohne dass du es dir spezifisch wünschst.

Zuerst nähre ich mich selbst auf allen Ebenen, dann bin ich bereit, anderen zu geben. So viel ich mich liebe, liebe ich andere.

Das Gefühl bzw. das innere Wissen in dir zu tragen und zu halten, dass das, was du brauchst, in dir ist, ist das Wunder, das du suchst. Du gibst dir selbst. Du bist es dir wert. Wiss, dass das, was du brauchst, bereits in dir schon existiert, bereits da ist.

Wenn du aus den »falschen Gründen« gibst und dann enttäuscht bist oder dich leer fühlst, steckt dahinter oft die Ungeduld, etwas noch nicht zu haben, was du möchtest oder dir wünschst. Doch hier gilt es innezuhalten, weiterzufragen und das Wunder zu entdecken: Du trägst und hältst das Gefühl bzw. das innere Wissen in dir, alles zu haben, was du brauchst, unabhängig der äußeren Einflüsse. Du gibst dir alles selbst.

Du bist es dir wert. Wisse, dass das, was du brauchst, bereits in dir existiert, dass es schon da ist. Erinnere dich immer und immer wieder an deinen inneren Reichtum! (Hier kann dir auch die *Übung Geben und Nehmen 1* Hilfe leisten.) Die

Gabe zu geben wird somit stärker, da die Menschen um dich herum größere und für sich noch wertvollere Geschenke empfangen können, denn du bist bereit, diese zu geben. Je länger du die Gabe zu geben in dir studierst, indem du sie fühlst und wahrnimmst, desto mehr wird dir die Gabe geben.

Dann kannst du geben. So gibst du dir selbst deinen Weg vor. Du gibst somit an dich durch deine Entscheidungen, die du triffst. Denn du triffst sie aus der Fülle, die du in dir trägst!

Beachte: Das Geben ist nie die Aufforderung, sich selbst aufzugeben. Übertriebenes maßloses Geben erfolgt immer aus mangelndem Selbstwert.

Übung Geben und Nehmen 1
Stell dir vor, du stehst unter einem weißen Wasserfall. Deine Hände sind ausgestreckt und zwei weiße Strahlen fließen über die Hände direkt in dein eigenes Leben. Genieße es und fühle dich gefüllt mit deiner Gabe. Immer mehr und mehr. Bleibe solange unter dem Wasserfall, bis du dich erfüllt fühlst.

4. Nehmen

Vielen Menschen fällt es nicht leicht zu nehmen, weil sie sich beschämt fühlen oder sie durch fehlenden Selbstwert glauben, ihr Gesicht zu verlieren oder meinen, es nicht verdient zu haben. Oftmals geht mit dem Nehmen auch ein schlechtes Gewissen einher und der Empfänger hat sofort das Bedürfnis, etwas zurückgeben zu müssen. Doch auch dieses Gefühl zeugt davon, dass nicht mit ganzem Herzen angenommen werden kann. Vertrauen und Glauben in dir spielen hierbei eine wichtige Rolle und werden unter Punkt 5 noch weiter ausgeführt. Aber dennoch bitte ich dich, dir Folgendes zu vergegenwärtigen: *Wie auch das Geben, ist das Nehmen eine Gabe!*

Erkenne diese Gabe in dir. Dann bist du in der Lage, dich selbst anzunehmen und Dinge im Leben zu erkennen, die deinen Selbstwert steigern und deine Fähigkeiten fördern. Das Gefühl des inneren Einklangs wird gefestigt. Zur inneren Orientierung dient das Gefühl des Gleichgewichts, das sich dann einstellt, wenn du in der Lage bist, von Herzen zu geben, aber eben auch von Herzen (an)zunehmen. Wie wundervoll ist Empfängnis! Sie ist der Beginn. Ohne Annahme gäbe es keine Gabe.

Der Wert des Nehmens ist wie der Wert des Gebens von großer Wichtigkeit, um sich im Gleichgewicht zu halten. Wenn du fähig bist anzunehmen, wirst du mehr bekommen. Es ist für dich. Es ist genug für alle da. Du darfst nehmen, annehmen.

Übung Geben und Nehmen 2
Atme tief ein und aus. Spüre erst einmal in beide Füße hinein. Lass über die Füße nach oben, über den Kopf hinaus, die Energien durch den Körper strömen. Beim Ausatmen lässt du die Atmungsenergie über den Kopf hinein und durch die Wirbelsäule, weiter über die Füße in die Erde hinunterfließen. Wiederhole dies so lange, bis du merkst, dass du viel ru-

higer geworden bist. Atme nicht zu weich. Versuch es mit ein bisschen mehr Kraft. Finde ein angenehmes Gefühl dabei und bleibe dann bei dieser Atmung.

Streck deine Arme weit nach vorn aus. Stell dir nun zwei Hände vor. Einfach nur zwei Hände, die bereit sind, ein Geschenk von dir zu empfangen. Geh in das Gefühl. Wie könnten sich diese beiden Hände anfühlen, wenn sie etwas empfangen? Lass nun direkt von deinem Herzen liebevolle Energien in diese beiden Hände fließen. Gib von Herzen. Beobachte diese konstant fließende Energie in diesem Moment, wenn sie in beide Hände strömt.

Wenn du so weit bist, streck physisch deine linke Hand aus, um diesen beiden Händen ein Geschenk zu überreichen. Was genau das ist, bleibt dir überlassen. Die Gabe kann zu jeder Übung etwas anderes sein. Fühle und lass es stehen. Nähre das Gefühl des Gebens in deinem Herzen. Das führt dich wiederum in den Wert des Nehmens für dich.

Denn: *Ohne Annahme gäbe es keine Gabe.*

5. Vertrauen und Glaube

Absolutes Vertrauen in dir zu spüren – in welcher Situation du dich auch immer gerade befindest – ist oft nicht ganz einfach. Denn dieses Vertrauen zu sich selbst wahrhaft spüren zu können, setzt voraus, seine eigenen Gefühle, Wahrnehmungen und Gedanken zu kennen und zu spüren. Aber gerade ihnen näherzukommen, kostet sicherlich oft viel Mut, vor allem dann, wenn tiefe Enttäuschungen und Wut in ihnen liegen.

Oftmals ist es nicht nur der Mut, sondern vorerst die fehlende Geduld mit sich selbst. Alles muss schnell gehen. So schnell, dass die Zeit gar nicht mehr vorhanden ist, sich um seinen *Ist*-Zustand zu kümmern, um Vertrauen zu sich zu pflegen und aufzubauen. Der *Soll*-Zustand (so sollte es sein, ist es aber nicht) vereinnahmt den Menschen oft so sehr, dass er beginnt zu rennen. Das jedoch führt zu einem Weglaufen vor dir selbst (»Ich bin« = Ist-Zustand) und einem Hinterherlaufen eines Hirngespinsts (»Wäre ich ...« = Nicht-Zustand). Das Weglaufen vor der Situation bietet somit keine Lösung.

Halte inne und gewinne Vertrauen
Vertrauen ist die Basis aller Beziehungen und sie begründet sich zuallererst in der Beziehung mit dir selbst. Und ebendiese Beziehung bedarf des Kennenlernens des eigenen Selbst. Hier gilt es, stehen zu bleiben und dich dir selbst zu stellen. Sich selbst zu verstehen erscheint oft wie eine Kunst, die unerreichbar ist. Die Herausforderung scheint für viele Menschen so groß zu sein, dass sie es sich gar nicht erst erlauben, die Aufmerksamkeit auf sich zu lenken.

Doch was würde der Aufmerksamkeit und der Frage nach dem eigenen Selbstvertrauen folgen? Wodurch ging das Vertrauen überhaupt verloren? Durch Gefühle wie Enttäuschungen, Ängste, Entwurzelung, mangelndem Selbstvertrauen, mangelndem Selbstwert, Unwissenheit, Unwissenheit in der

Erziehung, Mangelleiden, Trennung, Verluste, Verlustangst. Es gibt genug Gründe, Argumente und auch Ausreden, um sich selbst nicht in seinem Vertrauen begegnen zu müssen. Doch was, wenn man bereit dazu ist?

Wie findest du zu deinem (Selbst-)Vertrauen zurück? Versuch wieder zu lernen, dir zu vertrauen, indem du dir zuallererst mehr Zeit (für dich) nimmst. Atme, fühle, entspanne und nimm dich wahr.

All das klingt einfach – und dennoch: Genau das bringt dich zurück zu dir. Und da möchtest du hin. Denn hier kannst du dein Selbstvertrauen in dir (wieder) aufbauen.

Dich selbst tief in dir wahrzunehmen braucht Geduld und Übung. Aber es lohnt sich. Es lohnt sich, zu wagen, tiefer zu gehen, denn das ist ein unendlicher Schutz für dein Herz und für deine Seele. Hier kannst du dich tief in dir verankern. Hier sitzt deine Stärke. Und diese zu erleben, schafft unendliches Vertrauen. Unendliches Vertrauen zu dir und in dich selbst! Hier ist der Ort, an dem aus dem tiefen inneren Vertrauen zu dir selbst der tiefe Glaube an dich selbst erwächst.

Lerne dir zu vertrauen und erfahre den tiefen Glauben an dich selbst!

Keine Sorge, du kannst dich nicht enttäuschen. Wer lernt, sich zu vertrauen, indem er lernt, sich selbst wieder zuzuhören, sich zu spüren, sich zu (er)leben, der wird sich nicht (mehr) enttäuschen. Denn ist die Täuschung erst einmal weg, dann wartet das, was wirklich ist – und du bist wahrhaftig wundervoll!

Atemübung für mehr Vertrauen

Sitz aufrecht und lies diese Übung bis zum Schluss. Schließe anschließend deine Augen und führe aus, was du gerade gelesen hast. Während du aufrecht sitzt, streck deine Wirbelsäule durch. Lass um dich herum weiße, sanfte Wolken schweben. Atme ruhig, immer ruhiger, bis du merkst, dass du losgelassen hast. Das merkst du daran, dass dein gesamter Schulterbereich leichter und entspannter ist.

Öffne leicht deinen Mund und stimuliere deine Gefühle durch bewusste Atemzüge. Wisse, dass du jetzt deine Gefühle stimulierst, ohne dich dabei zu fragen, ob du das kannst. Mach es einfach. Bitte. Atme sanft. Erblicke und betrachte, fühle die weichen, weißen Wolken um dich herum, die dir zum Schutz dienen, damit du dich ganz für dich wahrnehmen kannst und du dich ungestört fühlst.

Spüre nun in deinen Bauchraum. Atme in deinen Bauch konzentriert ein und aus. Blick mit geschlossenen Augen in den Bauchraum, in die Mitte deines Bauchraums. Beobachte deine Atmung, ohne sie zu steuern. Fixiere einen Punkt in deinem Bauchraum und bewege deine Augäpfel nun nicht mehr. Du wirst schnell ruhiger. Verweile dort solange du möchtest, dann atme noch einmal tief ein, werde dir dabei noch einmal der Wolken um dich herum bewusst und öffne deine Augen.

Praktiziere diese Übung immer wieder für dich, damit du lernst, dir mehr zu vertrauen.

Wenn du dir nicht vertraust, bist du auch nicht in der Lage, anderen zu vertrauen. Solange du in diesem Misstrauen lebst, wirst du immer wieder vom Leben enttäuscht, weil du dich unbewusst immer in der Selbsttäuschung bewegst. Du täuschst dich über dich selbst hinweg – und bist somit letztlich immer dir selbst gegenüber enttäuscht. Die Tore der Missverständnisse sind groß und weit.

Du musst lernen, dir zu vertrauen, indem du dich endlich traust, dich zu leben! Das zu leben, was du bist. Wirklich. Wirke Licht – lass das Licht in dir wirken.

6. Richtig atmen

Der Atem ist ein Wunder. Der Atem ist ein Geschenk des Schöpfers. Jeder Mensch atmet bei seiner Geburt den ersten Atemzug ein und den letzten, wenn er aus dieser Welt geht, aus. Atmen ist der Rhythmus des Lebens. Die Atmung ist das Leben – die Lebendigkeit, die Bewegung.

Der Atem stimuliert das Herz, stärkt, trägt und hält die Herzenskraft und dessen Lebenssaft. Lerne richtig zu atmen und du kannst viel leichter deinen inneren Aufstieg erfahren. Durch das Atmen kannst du die Stärke und Intention deiner Gefühle erfahren und somit auch steuern. Richtiges Atmen führt dich zu tiefer, tiefer Entspannung!

Bedenke: Schweres Atmen – schwere Gefühle. Leichtes, liebevolles Atmen – leichte Gefühle. So einfach ist es oftmals. Es gilt, den Atem zu beobachten, ihn kennenzulernen und ihn für sich zu nutzen. *Der Beobachter in dir sein bedeutet Präsenz. Nutze deine Präsenz!*

Dein bewusstes Atmen regt den gesamten Organismus im Körper an. Das Nervensystem wird stimuliert. Das Herz-Kreislauf-System wird gestärkt und vieles mehr. Mit dem Atem kannst du deinen Puls steuern. Durch hohe Präsenz im Körper, erzielt durch bewusstes Atmen, spürst du das Herz, dein Kraftzentrum der Liebe, immer mehr und mehr. Der Atem führt dich zu dir – zu deiner Liebe.

Lerne mit dir zu atmen – in deinem Rhythmus, in deiner Stärke, in deine Präsenz und somit in dein Herz. *Atme dich in dein Herz!*

Du gewinnst durch bewusstes Atmen tiefe Freude. Du förderst diese tiefe Freude in dir, indem du durch deinen Atem immer wieder zu dir findest – dich immer wieder zu dir holst. Wann immer du das Gefühl hast, »verloren« zu sein: Atme immer wieder tief in dich hinein. Dieses wunderbare Mittel steht dir jederzeit und überall zur Verfügung. Und denke daran, dass das kein anderer für dich tun kann.

Bewusste Atemzüge führen dich mehr und mehr zu deinem Urvertrauen. Denn du wirst ruhiger und gelassen (gehen und lassen – geschehen und geschehen lassen), du spürst dich besser und erleichterst dir somit deinen Aufstieg. Aufstieg in dir bedeutet, mehr Licht in dir auszudehnen.

Erinnere dich: Liebe ist nicht ohne Licht und ohne Licht keine Liebe. *Atme und dehne das Licht in dir aus und schaffe unendlichen Raum für dich und deine Liebe!* Die Liebe lässt dich leben und atmen.

Die Angst treibt dich auf den falschen Weg, sie lässt dich nicht tief atmen. Sie nimmt dir ein Stück Leben weg. Die Liebe lässt dich leben und atmen. Entscheide dich für die langen Atemzüge in der Natur. Blick weit hinaus und lade das Leben ein, denn es ist für dich. Ewig im Licht.

Ist der Kopf frei von Fragen,
Fließt die göttliche Energie,
Die alles möglich macht.
Wenn alle Fragen in sich
Beantwortet sind,
Beginne ich mich zu lieben –
Friede stellt sich ein.
Und das in einer Form – die ich nicht kannte –,
Die Antwort auf meine Lebensfrage   es geht nur um
    mich selbst,
Um mein inneres Wohlergehen – darauf baue ich – ich
    gebe alles –
Dass ich mich wohlfühle – ich sage Nein und setzte
    Grenzen auf.
Ich sage Ja – wenn ich es brauche.
Je mehr ich die Fragen in mir in das nonverbale
    Vertrauen leite,
Bin ich frei und im absoluten Lebensfluss – Dinge
    geschehen,
Die mich in den Frieden stimmen,
Immer und immer wieder –
So lege ich meine Hände auf meine Brust
Und verspreche mir selbst – meinem Körper –,
Weniger Druck in mir zu fördern.

Druck ist ein Ballast – Ballast ist eine Last, die ich nicht
    mehr tragen werde.
Ich möchte lieben und in Heilung sein – sein ohne zu
    denken,
Warum dass so ist oder warum ich so bin wie ich bin oder
Warum ich es so verstehe, dass ich
Es nicht verstehe.
Keine Fragen ⇨ sein
Dann bin ich rein.

Ein weiterer Aspekt des Atems ist seine Wirkung auf unsere
Gedanken. So gewinnst du positive Kraft durch liebevolles
und kraftvolles Denken. Gerade dieses Denken bedarf eines
klaren Kopfs, frei von jeglichem Druck. (*Dann bin ich rein.*)

Die Erlösung von Druck für ein besseres Atmen
Steht die Seele unter Druck, kannst du den Druck durch tiefes
Atmen in der Natur langsam lösen, um dich von erdrückten
Energien zu befreien. Verhärtete Energien wohnen sehr gern in
den muskulären Bereichen und Gelenken. Sie sollten – für die
eigene Gesundheit –, von diesem Druck ge- und erlöst werden.

Reinigungsübung für eine freie Atmung
Stell dir vor, du stehst vor einem Wasserfall mit dem Gesicht
zum Wasserfall. Das Wasser fließt klar, frei und voller Kraft.
Wende deinen Blick nach oben und neige deinen Kopf leicht
nach hinten, so als würdest du nach Sauerstoff schnappen
wollen. Bleib in dieser Position und lenke nun deine Atmung

geistig nach unten in den Solarplexus. Dein Körper fängt wie von allein an zu pumpen. Das ist ein stärkeres Atmen. Lass dich führen. Atme stark und tief.

Angesammelte Energien fließen dadurch über das Kronenchakra nach oben ab. Diese Übung nimmt dir Druck aus dem Solarplexus. Durch die Wiederholungen fühlst du dich freier. Du nimmst mehr Freiraum im Brustkorb wahr und fühlst im ganzen Körper mehr Entspannung.

Hinweis: Um dich spüren zu können, brauchst du einen aktiven *Atemkörper*!

Geh nach draußen oder öffne das Fenster und atme frische Luft ein. Atme bewusst so tief du kannst. Lass Sauerstoff in deinen Körper. Dadurch wird dein Immunsystem gestärkt, deine Organe werden mit Sauerstoff versorgt, deine Seele beginnt wieder mehr zu leben, zu fühlen. Du kannst klarer denken.

Während du isst, versuche immer wieder, eine Pause zu machen, damit du nicht zu viel Stickstoff nach unten drückst. Bei unbewusstem Essen verlierst du sehr viel Sauerstoff. Nimm ein Stück Essen in den Mund. Kaue, atme ein und aus, auch während des Kauens. Auf einmal bekommst du eine Gänsehaut. Das ist der Atemkörper, der Äther.

Streichle deine Wirbelsäule mit deinem Atem. Dadurch entspannen sich Erinnerungen, verdichtete Gedanken und erniedrigte Gefühle.

Konzentration auf die Atmung ist ein Liebesbeweis der eigenen inneren Göttlichkeit. Atmen für dich – führt dich zu dir. Zur deiner Selbstliebe. Bewusstes Atmen zaubert unweigerlich ein Lächeln in dein Gesicht. Nimm tiefe, lange, bewusste Atemzüge.

Jeder Atemzug ist gefüllt von Bewusstsein.

Je bewusster du atmest, desto mehr gewinnst du deine gefühlte und gefüllte Göttlichkeit.

7. Im Fluss des Lebens

Im göttlichen Lebensprozess bist du, wenn du im Fluss mit dem heilenden Gesetz der Liebe lebst.

Der Selbstheilungsprozess wird gestört oder unterbrochen, wenn die Wesen der Selbstzerstörung – wie destruktive, kraftvoll negative Gedanken und Gefühle – sich bilden. An diese gewöhnst du dich. Dadurch entsteht ein Muster, eine Vorgabe, von der du denkst, dass du sie leben musst. Es ist eine Scheingabe.

Der Fluss der Kommunikation

Der Fluss des Sprechens ist eine energetische Formel, um in dem fortwährenden Heilungsprozess der Liebe zu bleiben. Energien werden durch deine gefühlten und gefüllten Worte freigesetzt – sie können sich zeigen, öffnen und somit arbeiten.

Die Kraft des Wesens der Selbstzerstörung hingegen wird genährt durch Schweigen und Unterdrückung (Druck auf die Liebe). Das führt zur Erstickung der eigenen Bedürfnisse und somit der Liebe und auch der Resonanz der Liebe.

Es geht darum, auch durch die Hilfe der Worte, durch die du dich öffnest, die Ursache zu finden, um das Wesen der Selbstzerstörung in dir selbst zu verabschieden. Abschied zu nehmen. Das kann schmerzhaft sein. Denn auch wenn es sich um eine Blockade, ein veraltetes Muster handelt, so war es doch eine Gewohnheit, die du nur allzu schnell mit dir in Verbindung gebracht hast und persönlich anerkannt. Du weißt, es wird sich etwas ändern. Du hast Angst vor der Veränderung. Doch sie geschieht für dich!

Allein die Öffnung für die Veränderung ist eine Öffnung der eigenen Herzenskraft, der Eigenliebe. Du eröffnest dir in erster Linie deinen Selbstheilungsprozess. Die Idee, woher die Krankheit oder Blockade kommen, warum der Fluss nicht gewährleistet ist, kann somit ihren Weg in dein Bewusstsein finden und dir helfen, wieder in den Fluss zu kommen. *Lass es fließen.*

Der Fluss des Lebens

Du gehst im Wasser mit weichen Schritten voran. Deine Blockaden und Ängste sind links und rechts als Müll deponiert. Diese werden mehr und mehr. Deine Schritte werden immer schwerer, bis es dich von allen Seiten erdrückt. Der Weg verengt sich und damit steigt auch der Druck von hinten. Du fühlst dich unter Druck gesetzt und stemmst dich automatisch nach hinten, weil du dich schützen und es wegdrücken willst, um den Druck loszuwerden bzw. ihm standzuhalten. Wegdrücken – auf dem *Weg* liegt ein *Druck*. Das Wasser möchte fließen, aber es hat zu wenig Raum. Du kämpfst gegen den Druck. Doch damit lehnst du dich gegen den Strom, du stellst dich gegen den Fluss des Lebens.

Wenn du dir dessen bewusst bist, kannst du dich leichter in dir verankern.

Nimm alles wahr, was an dir hängt – das Schweigen, die Erinnerungen, unausgesprochene Worte, all dein Erlebtes, das zu dir gehört – und dann schwimme mit dem Strom. Dadurch gehst du aus dem Druck heraus. Vorerst kann dadurch ein neues, komisches, weil unbekanntes Gefühl entstehen. Und dann: Auf einmal wird es leichter. Auf einmal fühlst du etwas, was du noch nicht kanntest – ein fremdes Gefühl. Der Mensch neigt dazu, ein fremdes Gefühl automatisch als schlecht zu bezeichnen, aus Angst vor Veränderung, aus Angst vor dem Unbekannten. Dann läufst du Gefahr, dich wieder selbst zu blockieren.

Lass dich auf das fremde Gefühl, das eigentlich du und der Fluss deines Selbstheilungsprozesses sind, ein. Habe Mut, dich zu öffnen, die Entscheidung zu treffen, den Weg deiner Heilung zu gehen.

Steh zu dir, akzeptiere die Blockaden, die ein Teil von dir sind, und nimm sie mit in deinen Fluss der Selbstheilung, auf deinen Weg, den sonst niemand betreten darf. Je mehr du dem Fluss des Lebens vertraust, je mehr du dich tragen lässt, desto leichter wird es dir fallen, in den Fluss zu kommen. Dich fallen zu lassen, loszulassen und den Weg zu gehen, der dich frei fließen lässt. Deinen Weg!

Dein Weg, auf dem du die Entscheidungen triffst. Dein Fluss des Lebens!

8. Freude – Leichtigkeit – Humor

**Offenheit und Aufrichtigkeit lassen Leichtigkeit
ins Leben fließen**

Freude ist eine starke Energie. Sie erhellt den Körper, den
Geist und die Seele. Freude trägt die Bestimmung des Menschen. Freude löst die Probleme auf durch helles Gemüt,
denn sie lockert verhärtete Gedankenstrukturen. Freude
transformiert niedere Gefühle und führt dazu, sich selbst
mehr zu schätzen. Leichtigkeit geht in dir dann verloren,
wenn du aufhörst, Dinge zu tun, die dir Freude bereiten. In
der Beziehung mit dir selbst ist Freude ein wichtiger Partner.
In einer Partnerschaft sollte darauf geachtet werden, dass gemeinsam schöne Sachen gemacht und gepflegt werden.

Leichte Gefühle werden durch die Freude gefördert. Liebe ist dort zu finden, wo Freude und Leichtigkeit sich die
Hände reichen.

*Bitte stell dir die Frage, wann die Leichtigkeit verloren gegan-
gen ist.* Was würdest du am liebsten tun, um wieder in die
Freude zu kommen? Humor ist unendlich wertvoll. Ein lusti-
ger Satz im richtigen Moment konnte schon immer Situationen auflockern, eine sehr heilsame und effektive Funktion.
Verliere niemals deinen Humor, denn dieser wird dich aus
dunklen Momenten begleiten. Es ist eine gute Idee, mit deinem Humor in Verbindung zu stehen. Wenn du darauf ach-
test, dass du nicht alles persönlich nimmst und es dir bewusst
ist, dass Menschen oft auf andere projizieren, wählst du die
Technik der Freude, Leichtigkeit und Humor.

Bewusstseinsübung

Setz dich hin und lege beide Hände auf deine Beine. Klopfe abwechselnd jeweils auf den rechten und dann auf den linken Oberschenkel. Beginne mit dem Klopfen mit deiner rechten Hand auf deinen rechten Oberschenkel. Dabei sagst du: »Ich bin Freude.« Dann klopfst du mit deiner linken Hand auf deinen linken Oberschenkel und sagst das Wort: »Leichtigkeit.« Dann wieder rechts auf den Oberschenkel klopfen und das Wort »Humor« laut sprechen. Weiter geht es dann wieder links. Du klopfst auf den linken Oberschenkel und sagst: »Ich bin Freude.«

Wiederhole diese Übung, bis du tief durchatmen kannst und mehr Freude und Leichtigkeit spürst.

Wenn du dich nicht gut genug entspannen und den Kopf nicht ausschalten kannst, dann übe es besser, wenn du ein wenig müde bist und nicht mehr so viel denken magst. Diese Übung funktioniert nicht, wenn der Kopf nicht loslassen kann. Sie funktioniert nur auf der emotionalen Ebene. Du kannst dich in diese Ebene begeben, wenn du sie übst. Du kannst Zettel mit den Worten: Freude – Leichtigkeit – Humor vor dich legen, damit du nicht zu sehr im Kopf bist.

Vielleicht lernst du die Reihenfolge auswendig, dann kannst du während dieser einfachen Übung besser loslassen und dich konzentrieren. Manchmal sind einfache Dinge so schwer umzusetzen. Geh einfach durch die Ausrede »es nicht zu können« hindurch. Sage dir selbst: »Wundervoll, es ist so einfach.« Dann setze es einfach um. *Tun*. Eine Sache ist einfach, wenn sie einfach getan wird. Einfach *machen*. Was hier entsteht, ist Freude, Leichtigkeit und den eigenen Humor in dir zu erlangen. Alle diese Gefühle können in dir gefördert und erweckt werden, alle.

Sich zu ernst nehmen

Nimm dich nicht zu ernst. Wer hindert dich daran, dass du dir *jetzt* ein Lächeln ins Gesicht zaubern kannst? Weißt du, du bist wundervoll und auch du hast es verdient, lachen zu können. Natürlich ist es nicht einfach, vor allem in schweren Zeiten. Doch braucht dein Körper deine Freude, deine Leichtigkeit im Herzen und deinen Humor. Damit förderst du deine Herzenskraft. Sei es dir wert, deine schönen, lichtvollen Gefühle zu fördern, damit du so stark sein kannst, dass du tief in dir das Gefühl der Unantastbarkeit wiedergewinnst.

Lachen ist die beste Medizin. Schau dir einen lustigen Film an, lies ein Witzbuch oder geh in ein lustiges Theaterstück und mit Freunden etwas unternehmen. Warum das viel zu wenig gemacht wird, liegt daran, dass Selbstmitleid, aber auch Trägheit den inneren Freizeitraum ausfüllen, und die Motivation, etwas zu machen, gesunken ist.

Übung

Setz dich ruhig hin und hör eine harmonische Musik, die deinem Geschmack entspricht. Entspanne dich. Erinnere dich an lustige Momente, in denen du viel Freude empfunden und viel gelacht hast. Geh voll und ganz in diesem Gefühl auf.

Verweile dazu lange in diesen Bildern. Verbinde dich stark mit den Gefühlen aus diesen wundervollen Erinnerungen.

Wiederhole diese Übung sooft du möchtest, denn die Kraft aus allen positiven, schönen Erinnerungen bringt dir deine innewohnende Schöpferkraft. Es ist eine unerschöpfliche Kraftquelle. Du bist es wert!

9. Tiefe Dankbarkeit

Die tiefe Dankbarkeit in dir zu spüren, für all das, was dich leben lässt und dir Leben schenkt, lenkt dich in deine innere Zufriedenheit. Dankbarkeit ist zusammen mit der Wertschätzung der Natur das wahrhaftig Wertvollste, was ein Mensch in Form von Gefühl in sich tragen kann.

Der Mensch ist »natürlich«, jedoch nicht »selbstverständlich«.

Tiefe Dankbarkeit führt zu Respekt, der ein göttlicher Aspekt ist. Dieser reißt die Tore zum Himmel auf. Wir formen unsere Bilder, machen sie statisch und können sie auch wieder in Bewegung bringen, sofern diese nicht verhärtet sind. In die Beweglichkeit führen und lenken. Dankbarkeit transformiert die verhärtete innere Haltung, dadurch wächst Gutmütigkeit in dir. Damit ist nicht gemeint, dass du dich ausnutzen lässt oder du naiv handelst, sondern dass du Wertschätzung empfängst für all das, was du tust oder getan hast. Für dich und für andere. Sei dankbar dafür, dass du die Möglichkeit dazu hast, dankbar zu sein. Nichts ist selbstverständlich. Das war es noch nie. Dank-Bar. Ja, immer danken, das ist wie Bargeld, ein energetischer Schatz, der wiederum unsagbar wertvoll ist.

Übung Dankbarkeit 1

Stell dich aufrecht hin und atme tief durch. Spüre deine Füße und schlage Wurzeln tief in Mutter Erde. Lange Wurzeln, die auch in die Breite wachsen. Richte deinen Blick nach oben. Streck nun deine Arme nach oben über den Kopf hinaus und streck dich. Spüre deinen Körper und nimm deine Atemzüge wahr.

Nach einigen Minuten setz dich auf den Stuhl. Setz dich aufrecht hin. Atme tief ein und aus. Leg deine Hände auf deine Oberschenkel und stell dir nun eine Situation vor, für die du sehr dankbar bist. Reise in dieses Gefühl. Nimm mit diesem Gefühl Verbindung auf und genieße die Wärme und tiefe Dankbarkeit, die durch deinen Körper fließt. Lass dir Zeit für diese Reise.

Anschließend bedanke dich innerlich für diese Bilder, Erinnerungen und für das großartige Gefühl. Lass dich dabei tief in das Gefühl hineinsinken. Nimm das Gefühl der Dankbarkeit mit in dein Tagesbewusstsein, wenn du deine Augen wieder öffnest. Es gibt dir unendlich viel Kraft.

Es gibt Gesetze der Wiederholungen und Assoziationen

Es lohnt sich, diese effektiven Übungen für sich zu wiederholen, um in das Gefühl der Erhabenheit zu gelangen. Tiefe Dankbarkeit zu empfinden, ist eine sehr große, wichtige

Gabe. Bewusste positive Wiederholungen sind daher sehr gut. Assoziationen sind die Verbindungen zweier ähnlicher Wahrnehmungen. Mit einem Geruch verbindest du ein bestimmtes Bild oder Erlebnis. Zimt erinnert dich an Weihnachten usw. Über die machtvollen Wiederholungen und Assoziationen ist es dir möglich, deine schöpferische Kreativität zu fördern.

Diese schöpferische Kreativität veredelt deinen Charakter. Das Gefühl der Dankbarkeit geht in dir nicht verloren, wenn du dir immer wieder bewusst machst, was sich bereits in dir verändern konnte. Du kannst immer dankbar sein, egal wann und wofür. Du wirst mit dem Gefühl der Dankbarkeit dein Gemüt erheben und erhellen. Deine Atmung wird tiefer und das Gefühl innerer Freiheit verstärkt.

Dankbarkeit steht in der Verbindung mit der Liebe zum Leben, mit dem Genießen des Lebens und mit all dem, was es uns bietet. Sei dankbar für das, was du bereits empfangen hast und für alle noch offenen Wünsche. Es ergibt immer einen Sinn, warum etwas noch nicht im Leben eingetroffen ist bzw. angezogen wurde. Nutze die Gesetze der Wiederholungen und Assoziationen ganz bewusst. All die unbewussten Worte und Gedanken nutzen dieses Gesetz der Wirksamkeit. Wie viele Worte sprichst du tagsüber unbewusst aus? Wie viele davon sind wiederholt?

Es lohnt sich wirklich, bewusst deine schöpferische Kreativität einzusetzen. Mit der Achtsamkeit bewusst gewählter Gedanken, Worte und Handlungen kannst du deine Absichten in die Wirksamkeit lenken und führen.

Sei wachsam und achtsam mit allem, was du hast. Sei gleichzeitig liebevoll mit dir selbst. Auch solltest du »Nein« sagen können, wenn du es auch so empfindest und dafür dankbar sein, dass du »Nein« sagen konntest.

Grenzen setzen

Schranken aufweisen und Grenzen setzen sind positive und effektive Gaben. Setz deine Grenzen auf jeden Fall dann, wenn du wahrnimmst und spürst, dass deine inneren Werte angegriffen oder nicht geachtet werden. Viele Menschen nutzen unbewusst, aber auch bewusst Manipulationstechniken, die zuerst kaum zu erkennen sind. Sie sind jedoch dann zu erkennen, wenn sie dich innerlich einengen und du eine Form von Abneigung spürst.

Die wirkungsvollsten Manipulationstechniken sind aus langjähriger Erfahrung im Coachingbereich: Mitleid zu erregen oder auch Hilflosigkeit vorzutäuschen. Was macht es mit dir, wenn du Ja sagst aber Nein meinst? Es unterdrückt dich in deinem Wert. Du machst dich selbst klein und verschenkst dem anderen die Chance, in die Selbstverantwortung zu gehen. Setz deine Grenzen immer so, dass du dich damit wohlfühlst und deine Energie nicht verlierst. Die Dankbarkeit gegenüber dir selbst, dass du Grenzen für dich setzen kannst, schützt dich vor diesen Übergriffen.

Anregung: Wertschätzung ist Licht. Dankbarkeit ist Liebe. Ohne Wertschätzung keine Dankbarkeit. Ohne Dankbarkeit keine Wertschätzung. Wertschätzung und Dankbarkeit sind keine Floskeln, sondern hochfrequentierte Qualitäten, die den

Menschen in seinem Charakter veredeln, weiterentwickeln und die dir deine wahre tiefe Herzensliebe näherbringen. Licht und Liebe ist nicht eins, sondern sind ein Miteinander für ein wundervolles göttliches, schöpferisches Wirken auf Erden. Licht öffnet, bildet den Kanal, damit Liebe fließen kann. Dankbarkeit ist ein Gedicht für die Seele. Ein Geschenk des Lichts.

Übung Intensive Dankbarkeit 2

Setz dich auf einen Stuhl. Atme tief durch, während du deinen ganzen Körper streckst. Nimm deinen Körper wahr. Jedes Körperareal. Atme tief durch und sei dir als Erstes dankbar. Sei dankbar für deinen Körper, für dein Herz und für deine Seele. Wisse, dass dein Körper nicht selbstverständlich ist. Sei dir darüber bewusst und spüre, ob du deinen Körper akzeptierst oder weniger annehmen kannst. Alles Unharmonische in oder am Körper ist durch dich erschaffen oder unbewusst zugelassen durch Umstände, Situationen, sodass du anfangs Unpässlichkeiten spürst. Du bist mit deinem Körper nicht mehr im Einklang, er zeigt seine Verstimmung durch Müdigkeit, Schmerzen, Steifheit, Empfindlichkeiten auf Nahrungsmittel oder Heißhunger.

Nimm ihn jetzt an und sei dankbar. Sei jetzt in diesem Augenblick in Frieden mit dir. Atme erneut bewusst tief ein und aus und senke deinen Kopf, lass locker, entspann dich soweit es dir gelingt. Schließ deine Augen und nimm die innere Mitte deines Bauchraumes wahr. Fixiere einen Punkt in der räumlichen Mitte. Vergiss nicht, ruhig und tief zu atmen. Es kann sein, dass du einen schwarzen Punkt entdeckst. Wenn ja, dann halte diesen fest, indem du deine Augäpfel nicht mehr bewegst.

Achte darauf, welcher Impuls zur Dankbarkeit als Erstes auftaucht und versinke in den von dir fokussierten Punkt. Lass dich mit dem Gefühl der Dankbarkeit tief in diesen Punkt hineinfallen. Lenke liebevoll dein Bewusstsein hinein und dehne dich in allem, was du bist, darin aus.

Du bist unendlich geschützt und wächst in der absoluten Tiefe. Diese Tiefe ist das innere Buch der Weisheit. Verweile so lange im Zustand der Dankbarkeit, wie du es als angenehm und gut empfindest. Oftmals fließen spontan Tränen durch das Gefühl der tiefen Berührung deiner selbst. Das geschieht aus Wertschätzung und Dankbarkeit dir selbst und deinem Schöpfer gegenüber. Genieße es, denn diese Tränen sind Tränen der wahren Liebe in dir und stehen in direkter Verbindung mit deinem Schöpfer.

10. Wertschätzung – setze einen Anker in dir

Schütze deine Werte in dir. Sei dir darüber bewusst, dass es unabdingbar ist, sich seinen Werten und Qualitäten im Leben bewusst zu sein.

Übung 1

Nimm dir Papier und Stift zu Hand und setze dich an einen ruhigen Platz. Notiere dir ein paar Dinge auf das Papier. Lass die Gedanken dazu fließen. Es geht um deine Wertebestimmung. Überlege einen Moment, welche Menschen deine Wertschätzung genießen und warum das so ist. Warum schätzt du diese Person oder Personen in deinem Umkreis? Schreibe es auf.

Was bist du bereit zu geben?! Welche Werte, Qualitäten lebst du? Bist du bereit, deine Hingabe, dein Urvertrauen und deinen tiefen Respekt zu geben für das, was du bekommst? Was bist du bereit, für deinen Schöpfer an Qualitäten zu geben? Schreibe auch das auf das Blatt.

Übung 2

Schreibe nun alle Werte auf ein Blatt Papier, die dir einfallen. Ergänze die folgende Werte auf die Anzahl 50. Sprich in deinem Geist den Wert, den du als Erstes aufgeführt hast, laut in deinem Kopf aus, und denke darüber nach, ob du diesen Wert durch deine Handlungen in deinem Leben erkennen kannst. Lass dir 28 Tage Zeit, um sie alle durchzugehen. Du hast keine Eile. Nimm dir auch gern länger Zeit, deine Werte in dir zu erkennen. Es kann sein, dass dir immer wieder etwas Neues einfällt, um deine Liste zu ergänzen.

Beispiele: Selbstliebe, Gnade, Warmherzigkeit, Demut, Gutmütigkeit, Ausdauer, Wertschätzung, Friede, Verständnis, Geduld, Aufmerksamkeit, Ausstrahlung, Achtsamkeit, Sanftmut, Wachsamkeit, Vergebung, Freude, Bereitschaft, Losgelöstheit, Glaube, Leichtigkeit, Kraft, Hingabe, Barmherzigkeit, Dankbarkeit, Präsenz, Sensibilität, Vertrautheit, Feinfühligkeit, Klarheit, Geborgenheit.

Pflegst du deine Qualitäten, lebst du sie auch und gehst im Außen deutlich in Resonanz mit Begebenheiten, die dir deine Qualitäten widerspiegeln? Beantworte dir folgende Fragen: Warum mögen dich die Menschen um dich herum? Welche Qualitäten trägst du in dir, die von den anderen geschätzt werden? Welche Qualitäten sind das? Welche werden von deinem Umfeld erwartet? Gibt es einige, die von dir erwartet werden, die noch nicht ausgereift sind? Beobachte dich in deinen Handlungen und Reaktionen. Notiere diese Beobachtungen über einen längeren Zeitraum.

Welche von dir erkannten Qualitäten sind in der engeren Auswahl, die deine Individualität ausmachen und bestimmen? Was erkennst du in dir?

Konntest du während dieser Aufgabe eine Veränderung wahrnehmen? Pflege diese gewissenhaft und achte auf deine Handlungen und die dazugehörigen Gedanken und Gefühle. *Jeder Aufmerksamkeit folgt Energie.*

Der göttliche Funken

Spürst du auch die Sehnsucht in dir? Eine Sehnsucht nach Liebe, Verständnis, Geborgenheit, Sicherheit, Vertrauen, Klarheit, unabhängig vom materiellen Erfolg? Jeder sehnt sich nach dem, was er braucht und was ihn erfüllt. Jeder Mensch trägt den göttlichen Funken in sich. Ein unendliches helles Licht erfüllt große Wunder. Der göttliche Funke in dir fühlt sich an wie eine zarte, weiche Lichtwolke im Körper. Diese ist in deiner hohen Achtsamkeit und Wachheit ganz deutlich in dir wahrzunehmen.

Leichter ist der göttliche Funke in dir zu erkennen, wenn die Werte und Qualitäten durch dich gefördert wurden. Mehr Friede ist folglich in dir zu spüren. Je ruhiger die Gedanken im Kopf durch Meditieren sind, desto mehr wird die Stille in dir gelebt und somit der göttliche Funke in dir erkannt. Fördere bewusst deine selbstbestimmten Werte, desto mehr wird die Stille in dir gelebt und somit der göttliche Funke in dir erkannt. Du bist es wert, den göttlichen Funken in dir und in deinem Leben Raum zu schenken.

Wohlergehen durch Annahme

Lass es dir gut gehen zum Wohle aller.

Affirmation

»Ich liebe mich selbst. Ich bin Selbstliebe und freue mich darüber, dass ich mich rundherum großartig fühle. Ich bin wundervoll.«

Sage dir diese Affirmation 28 Tage lang täglich, gern auch länger, idealerweise gleich nach dem Aufstehen. Sie ist ein wundervoller Nährstoff früh am Morgen, besser als ein Vitamincocktail. Dadurch wird sich in dir das Gefühl einstellen, annehmen zu können, dich selbst anzunehmen.

Beginne dich selbst, in allem, was du bist, anzunehmen, und du erfährst die Fähigkeit der Liebe, dich selbst zu lieben. Das Gefühl des Verliebtseins in dich selbst, ohne dass es mit deinem Ego zu tun hat, ist ein innerer Aufstieg, ein Kanal, eine lichtvolle Treppe in dir. Diese lichtvolle Treppe führt spiralförmig nach oben. Sie ist ein göttlicher Verbindungskanal.

Das Gefühl, verliebt zu sein in sich selbst, ist die Annahme, ein göttliches Wesen zu sein, und fördert die Unabhängigkeit von anderen Menschen. Dieses Gefühl ist stark mit der eigenen Wertschätzung verbunden. Manche Menschen macht es wütend und ungehalten, wenn sie den Satz »Ich liebe mich« aussprechen sollen.

Erkenntnisgeschichte – Tool zur Selbstliebe

Ich erinnere mich an eine Frau, die mich konsultierte, um sie in ihren Gefühlen zu coachen. Sie war von oben bis unten schwarz gekleidet und hatte ein tieftrauriges Gesicht. Sie erzählte mir, dass sie schon immer so traurig gewesen sei, immer schwarz gekleidet und nicht wisse, warum. Unabhängig von der gemeinsamen Auflösung der Ursache ihrer Traurigkeit, an der wir gearbeitet hatten, stellte ich sie vor den großen Spiegel, der im Zimmer stand. Das war für ihren nachhaltigen Selbstheilungs- und Transformationsprozess ein wichtiger Augenblick. Ich sagte liebevoll, dass es nun Zeit wäre, durch das Tor der Selbstliebe zu gehen, um das Leben glücklicher gestalten zu können. Ich bat sie, den Satz »Ich liebe mich« 100 Mal vor dem Spiegel auszusprechen, während sie in ihre Augen schaut. Sie schaute mich mit großen Augen an und sagte, dass sie das nicht möchte. Sie wisse nicht, ob sie das verdient hätte, sich selbst zu lieben, denn sie sei noch nie in ihrem Leben etwas wert gewesen.

Ich antwortete, dass sie mir vertrauen dürfe, denn das, was sie für sich machen soll, tue sie schließlich nur für sich. Weiter teilte ich ihr mit, dass ich mir sicher sei, dass diese anstehende Aufgabe mit und in ihr etwas Schönes auslösen würde. Sie würde es auch in der Nachhaltigkeit spüren und erleben können. Sie atmete schwer und kämpfte mit ihrem Verstand. Ich schaute ihr nur zu und begleitete durch Energiearbeit ihre Seele in ein angenehmeres Gefühl. Plötzlich begann sie, dem Spiegel näher zu kommen und den Satz »Ich liebe mich«

100 Mal für ihre Seele und ihr Herz auszusprechen. Genau so, wie ich es ihr empfohlen hatte.

1. Konzentration, Einstimmen auf die Atmung und auf die Intention »Ich liebe mich«.
2. Sich selbst über den Spiegel tief in die Augen schauen.
3. Sich innerlich ein Lächeln schenken. Selbstbestimmung – bewusstes Einstimmen durch die Stimme in die Selbstliebe.
4. Langsam und bewusst sprechen. Auf den Klang der eigenen Stimme achten, dass diese liebevoll klingt.

Langsam veränderte sich ihre Stimme und ihr Gesichtsausdruck und ihre Ausstrahlung wurden deutlich gelassener. Sie strahlte!

Als sie fertig war, lachte sie und glaubt es kaum. Sie fühlte sich wie neugeboren. Sie konnte viel besser atmen. Ich gratulierte ihr für ihren Mut und ihre Durchsetzungskraft nach so langer Zeit ihres Leids. Wir hatten an drei aufeinanderfolgenden Tagen noch je eine Sitzung. Ich war überglücklich und hatte selbst Tränen in den Augen, als sie farbig gekleidet den Raum betrat. Sie war voller Freude und teilte mir mit, dass sie sich das erste Mal farbige Kleidung gekauft habe, da es für sie nicht mehr authentisch sei, sich noch weiterhin schwarz anzuziehen. Sie praktiziert diese Übung nun immer, wenn sie spürt, dass sie traurig wird. Sie geht jetzt ihren Weg mit Liebe, Freude und Dankbarkeit.

Nuancen der Wertschätzung

Berührt sein in seinen erkannten Werten ist Bewegung. Der Weg, der stetig in deiner Bewegung zu finden ist, drückt sich durch körperliche, geistige oder seelische Bewegung aus. Siehe mein Buch *Dein Licht erhellt die Welt*. Das Fühlen im Gebet berührt dein Herz und begleitet dich auf deinem Weg. Die Wertschätzung, die der Dankbarkeit folgt, löst Herzenskräfte im Herzen und im gesamten Körper aus, sie ist über alle Maßen zu viel mehr fähig als ein Mensch jemals ahnen mag. Die innere Haltung der Wertschätzung trägt den Menschen in das Fluid der Liebe.

Um diese in sich zu leben, solltest du dir darüber bewusst sein, was dir am wichtigsten ist in deinem Leben. Bestimme deine Werte und kategorisiere sie. Setz deine eigenen Prioritäten. Nenne sie beim Namen, um deinen eigenen Handlungsplan erschaffen zu können. Was möchtest du? Was brauchst du? Finde heraus, wann du dich übergehst oder übergehen lässt, und warum das geschieht. Fehlt das Setzen von Grenzen? Sie lösen eine heilende Kraft in deinem Körper aus. Die Einheit in Sein und Wirken auf Erden. Das dient wahrhaftig dem Ganzen. Es ist nicht nur wichtig, sich selbst zu wertschätzen, sondern auch den eigenen Körper, das Leben, die Natur, die Tiere, die Luft, die Berge, die Sonne, die Nahrungsmittel, die Meere, das Gestein, die Mineralien, die Luft, die Erde, die himmlischen Phänomene, die Sterne und die Pflanzen. *Wert*(schätz)ung. Den (Lebens-)Wert erkennen und schätzen lernen.

Übung 1

Stell dir vor, du stehst auf einem Berg am Meer. Einem sehr großen Berg. Du siehst die Sterne und noch viel mehr am Himmelszelt. Nimm dir die Zeit, die du brauchst, es zu visualisieren. Der Mond glitzert auf der Meeresoberfläche, er berührt dich. Du siehst schwebende Bäume mit unendlich langen Wurzeln, alles im Detail genau. Nun wird es Tag und du läufst hinunter ins Dorf. Dort leben liebe Menschen mitten in der Natur. Friedlich. Viele Bäume, Pflanzen und Tiere sind zu erkennen. Du spürst die Luft, in der auch Mineralien zu riechen sind, den Wind, und du genießt die Sonne. Lass dir Zeit für all die schönen tiefgreifenden Bilder. Verweile so lange in diesem Gefühl der Wertschätzung, bis du von allein tief aufatmen kannst und in Frieden mit und in dir bist.

Übung 2

Sage jetzt einer lieben Person, die im Raum ist oder am Telefon, wie sehr du diese wertschätzt. Fühle dich und beobachte deinen Atem, deinen Puls und liebe dich dafür. Lächle und sei in Frieden.

Tipp für Menschen, die nicht visualisieren können: Male dir die Visualisierungsbilder mit bunten Stiften auf, damit du die Gefühle zu den Bildern erschaffen kannst.

Meditation

Atme in deiner Frequenz, pulsierend in deiner Geschwindigkeit, für deine Herzenskraft. Gewinne dadurch noch mehr

Entscheidungsfreiheit. Du lernst dabei, dir Stück für Stück mehr zu vertrauen. Du bist dankbar, dass dein Herz für dich schlägt, dass du große Wertschätzung in dir spüren kannst. Plötzlich ist so viel Licht und Friede in dir wahrzunehmen. Der Kopf kann nicht denken, sondern genießt, indem er keine Anspannung mehr spürt. Somit ist der Körper von Selbstzerstörungsenergien befreit. Das heilende Gesetz der Liebe fließt.

Gesetz der Liebe = Geh, setz dich, sprich – in der Ruhe, in der tiefen Stille mit dir selbst.

Affirmation
»Ich bin das heilende Gesetz der Liebe. Ich tue es. In jedem Augenblick – mehr und mehr.«

Der Weg des Dienens

Neigst du dazu aufzugeben, um deinen eigenen Weg nicht gehen zu müssen? Meinst du, dass du es nicht verdient hast, das Glück und deinen eigenen Weg zu gehen? Wenn du dir für dein Wohlergehen dienst, befindest du dich unweigerlich auf dem Weg. Auf deinem Weg. Sei dir darüber bewusst, dass es den Weg des Dienens gibt. Diene dir selbst. Diene dir zu deinem Wohl zuallererst selbst.

Dein Geist, deine Gedanken, dein eigener, innerer geistiger Klimawandel sind in der Lage, für dich einen neuen Weg zu sehen. Gemeinsam durch deinen Geist im Körper. Geist ist nicht der Körper. Dein Geist durchfließt ihn. Er ist fähig, mit dir im physischen Körper durch das Leben zu gehen für die Mission »das Göttliche im Menschen zu manifestieren«. Alle möglichen Gefühle erfahren zu können, ist wundervoll, und ebenso zu wissen, dass dieses Fühlen zu erlernen ist. Erlerne es zu wissen, welche Gefühle in jenem Moment da sind, und warum sie gerade jetzt da sind. Benenne sie, dadurch erreichst du mehr Klarheit in dem, was du fühlst. Dein Weg wird erleuchtet werden, er wird heller und positiver. Du beginnst, mehr zu glauben.

Vielleicht ist dir in deinem Leben schon öfter der Satz begegnet: »Wenn du denkst, es geht nicht mehr, kommt von irgendwo ein Lichtlein her.« Von irgendwo kommt immer ein Lichtlein! Meistens dann, wenn du in deinem Leben auf seelischer Ebene keinen Ausweg mehr siehst. Auch wenn du den Weg nicht mehr siehst, weder fühlen, riechen, schmecken und nicht mehr daran glauben kannst, steh auf und geh weiter!

Irgendwo tief in dir ist das göttliche Licht für dich da. Den Mut und die Kraft findest du tatsächlich im Glauben. In der eigenen inneren, tiefen Fähigkeit zu glauben, indem du den Fokus und die Aufmerksamkeit auf dich selbst lenkst. Aufmerken auf sich selbst. Aufpassen auf deinen Körper, auf das, was du fühlst, ist wichtig, wichtig für die weiteren Einschätzungen und Analysen, um Unwohlsein und Schmerzen zu vermeiden.

Solltest du versuchen, immer und immer wieder aus den Dramen auszusteigen, weil es bequemer und angenehmer ist, desto öfter wirst du mit diesen Themen konfrontiert werden. Dabei bekommst du immer wieder die Chance, in den Lernprozess zu gehen, um eines Tages die Prüfung bestanden zu haben. Je öfter du ein Drama erlebst, desto besser lernst du damit umzugehen.

Einklang von Körper, Geist und Seele

Du findest immer wieder dein inneres Licht in deinem Leben, wenn du dir selbst vertraust. Gönne deiner Seele die Ruhe, die sie verdient hat. Du hast es verdient, sei dir dessen sicher. Bewahre deine innere Kraft, so gut es dir möglich ist, welche schwere Situation dich auch immer heimgesucht hat. Schwierige Lebenssituationen begünstigen die Möglichkeit, Aufmerksamkeit auf dich selbst zu lenken und dich um dich selbst zu kümmern. Wichtig ist dabei, sich nicht nur auf die Probleme zu fokussieren und diese in den Lebensmittelpunkt zu stellen.

Achte dabei auf deinen Atem, auf dein Gefühl, auf den Ist-Zustand. Analysiere deine Gefühle, deinen Ist-Zustand. Was macht die Lebenssituation mit dir? Wirst du durch die Lebenssituation zum Beispiel abgeschnitten von den Mitmenschen und fühlst dich allein, dann blick zurück in dein Leben, ob ähnliche Gefühle schon einmal eingetreten sind. Verzeihe dir und den damals beteiligten Mitmenschen, die bei der Auslösung dieser Gefühle beteiligt waren.

Frage dich weiter: Fühle ich mich wertvoll? Was kannst du tun, um dich wertvoll zu fühlen? Frage weiter: »Fühle ich mich wertvoll?« Setz Heilung in dir an. Du legst einen Samen zur Heilung an, indem du dich genießt. Wie eine Blume, wie der Samen, der zur Blume wird und wächst.

Setz Heilung in dir an, indem du beginnst, dich richtig wahrzunehmen. Pflege diesen Gedanken und wachse über dich hinaus. Du pflegst diesen Samen und dann wächst die Pflanze jeden Tag, bis sie blüht. Atme jeden Tag tief ein und aus. Je mehr du dich darauf konzentrierst und wirklich bewusst bei der Atmung bist, lenkt dies das Positive im Körper in jeden Schattenwinkel. Es zeigt deinem Körperbewusstsein den Weg zur Heilung. Der Geist erkennt es und die Seele fühlt sich wohl. Das ist die Einheit zwischen Körper, Geist und Seele im Leben. Wie oben, so unten, wie außen, so innen – so lautet das hermetische Prinzip.

Meditation

Atme in deiner Frequenz ein und aus, pulsierend in deiner Geschwindigkeit, atme für deine Herzenskraft, und du gewinnst dadurch noch mehr Entscheidungsfreiheit. Du lernst dabei, dir Stück für Stück mehr zu vertrauen, es wird dich ergreifen und dich in die Erkenntnis bringen, dass du ein göttliches Wesen bist. Du spürst das Licht in dir und den tiefen Frieden. Der Kopf kann in diesem Zustand nicht mehr denken, sondern er genießt, indem er das Gedankenkarussell anhält und der Körper die Anspannungen loslässt. Somit ist der Körper befreit von Selbstzerstörungsenergien. Das heilende Gesetz der Liebe kann jetzt frei fließen.

Setz dich, sprich – in der Ruhe, in der tiefen Stille – mit dir selbst.

Affirmation

»Ich bin das heilende Gesetz der Liebe. Ich mache es. In jedem Augenblick – mehr und mehr.«

Was ist Liebe?

Die Liebe ist das höchste Wohl des Menschen, denn
  Liebe nährt die Seele.
Die Liebe ist der Ausdruck deiner tiefen Atemzüge.
Liebe ist die Stille in der Atmung.
Die Liebe ist der Friede in der Atmung.
Liebe ist Ausdehnung.
Liebe ist Licht – das den Körper füllt mit Antworten
  und Glauben.
Liebe ist alles, was fließt.
Liebe ist alles, was dich auf deinem Weg in Bewegung
  hält.
Liebe ist göttlich.
Liebe schenkt Freiheit.
Liebe lässt jeden Menschen lernen.
Liebe ist die Entstehung der Menschheit und jedes
  Menschen.
Liebe ist so einfach.
Liebe ist so einfach, wenn das Wörtchen wenn nicht wär.
  Das Wort »wenn« ist besetzt mit Zweifel.
Liebe kennt keine Zweifel.
Liebe kennt den Weg.
Liebe ist Bewegung und hält dich in Form. Liebe ist
  formgebend.

Das bedeutet, dass wir Mitschöpfer sind.

Wir sind Mitschöpfer und verantwortlich für das, was in unserem Körper geschieht.

Sei liebevoll mit dir selbst! Dadurch erschaffst du einen heilen Körper.

Die Liebe heilt.

Die Liebe und der Körper

Wo sitzt die Liebe? Bitte stell dir folgende Sätze bildlich vor. Lass die Bilder kommen und gehen, während du weiterliest. Verbinde dich mit den Sätzen und du wirst spüren, was ich dir mitteilen möchte. Ich bin mir sicher, dass es dir guttun wird und du es auch annehmen kannst. Sei lieb mit deinem Körper und vertraue deinem tief innewohnenden Körpergefühl, deinem Körperbewusstsein.

Die Liebe sitzt in deinem Herzen. Die Liebe dehnt sich durch positive Handlungen, Gedanken und Worte, sozusagen durch das Licht, bis in jede Zelle im Körper aus. Die Liebe schwingt sich über die Zellmembranen in die Körperzellen ein und macht dich in deinem göttlichen Wesen fühlbar unantastbar. Die Liebe findet sich dort, wo du sie hinsendest. Dorthin, wo du ihr den Platz gibst. Sie wartet regelrecht darauf, durch deinen gesamten Körper fließen zu können.

Die Liebe muss in Bewegung sein, damit sie dich durch dein Leben tragen kann. Die Liebe ist in Bewegung durch liebevolle Aufmerksamkeit, lichtvolle Worte, bedingungslose bewusste Handlungen, durch sanfte Gefühle. Liebe ist für dich da und möchte in dir wohnen.

Trägst du noch unbehandelte Themen in dir, ist es wichtig, die Liebe in dir wirken zu lassen, indem du noch nicht handelst, sondern dich zurückziehst und erst lernst, auf dich und deine Gefühle zu hören.

Im Zweifel ist es besser, bei sich zu bleiben

Bedenke: Jeder Mensch kann sich nur so gut selbst haushalten, wie er sich seiner selbst bewusst ist.

Durch sogenannte Nichtpräsenz (= Abwesenheit) gehen Gedanken verloren, indem der Mensch sich in ihnen verliert, anstatt diese zu nutzen. Der Mensch wird müde und antriebslos, die Kraft wird schwächer. Der Mensch gibt seinen Raum (Seelenanteile) für Zweifel und Unsicherheit frei, die nun ihre Plätze einnehmen können.

Ein weiterer Aspekt, seine Kraft in sich zu mindern, ist das Urteil. Jeder Vorwurf, jedes Werturteil wirft Seelenanteile und Urteilchen von sich fort. Der Mensch teilt sich von sich selbst. Anstatt sich in Urteilen und Vorwürfen zu verlieren, solltest du dich besinnen, indem du erst einmal tief in dich hineinatmest.

Übung
Nutze deinen Atem und sage dann in voller Klarheit in deinem Geist:

»Ich erkenne meinen eigenen Wert und bin bereit weiterzulernen.«

Zu lernen bedeutet, Fehler machen zu dürfen. Werde dir einfach darüber bewusst, dass du lernen darfst. Ohne dich dabei für deine Fehler zu verurteilen! Lerne, gnädig mit dir zu sein und steh für dich ein. Es lohnt sich immer, für seinen eigenen Geist zu kämpfen.

»Ich bin stark, stehe immer wieder auf und vertraue, dass ich nicht wirklich fallen kann.

Ich bin stark.

Jeder Tag ist eine neue Herausforderung. Ich bin stark genug, stark zu sein.«

Die heilende Kraft der Liebe

Wenn es um die Frage der Liebe im eigenen Herzen geht, so ist die Sehnsucht nach Nähe und Zärtlichkeit ein wunderbares Gefühl, um dir selbst voller Sanftmut und Leichtigkeit zu begegnen.

Liebe bedeutet hier, Leichtigkeit in dein Herz zu tragen. Jedes Wort, jede Handlung, jede Berührung führt zu einem unsagbar großen Geschenk. Für dich selbst. Berührungen heilen in jeglicher Form, sei es durch Worte, auf der körperlichen Ebene oder durch das bloße Gefühl, denn: *Berührungen sind die Übertragung von Liebe.*

Und Liebe ist die stärkste Heilkraft, die zwischen Menschen übertragen werden kann. Allein das menschliche Gefühl der Liebe kann Unmögliches möglich machen. Liebe kann Berge versetzen, sie gibt Hoffnung und die Kraft, an sich selbst zu glauben. Diese Kraft wirkt sich unabdingbar positiv auf die physische, psychische, emotionale und mentale Gesundheit aus. So ist tatsächlich jeder Mensch in gewisser Weise fähig, Schmerzen zu lindern, wenn er aus Gefühlen der Fürsorge und Nähe einem anderen Menschen oder auch sich selbst liebevoll die Hand auflegt. Die Kraft der Liebe wohnt jedem Menschen inne. Manches Mal gilt es nur, sie wieder zu entdecken oder zu befreien. Doch ihre Existenz ist wahrhaftig. Du kannst sie spüren. Und hinter dieser Liebe, die wir als Menschen zu geben vermögen, wartet noch mehr.

In unserem geheimnisvoll strahlenden Kosmos gibt es eine Form von Liebe, die unsagbar höher und stärker ist als die Liebe, die wir uns vorstellen können. Diese Liebe ist reine kosmische Heilenergie.

Sie ist die machtvolle Herzensenergie, die durch den Menschen ausgestrahlt werden kann. Prinzipiell vermag diese Energie alles, was im Menschen ins Ungleichgewicht geraten ist, wieder in den Ausgleich zu bringen, ein gestörtes System zu regulieren, physische und psychische Traumata zu heilen und energetische Störungen aufzulösen.

Wenn der Mensch tiefe Demut und höchste Achtung vor dieser hohen Form der Liebe in sich verankert hat und aus tiefem Herzen bereit ist, als Mittler des Heilungsprozesses zu wirken, dann kann er Zugang zu dieser machtvollen kosmischen Herzensenergie und Heilenergie bekommen und sie für das eigene Wohl und das Wohl anderer Menschen einsetzen. Heilung geben und empfangen ist immer verknüpft mit Bewusstwerdung. So ist die Übertragung von reinen, hohen, kosmischen Heilenergien nur dann möglich, wenn man bereit ist, den eigenen Geist zu klären und das eigene Herz zu reinigen.

Über die tiefe Absicht im Herzen wird dann die Intuition geschult, die sich zum klaren Wegweiser beim Heilen entpuppt. Jede Heilung ist letztlich ein kleines oder auch großes Wunder, über dessen Form jedoch nicht der Mensch entscheidet. Aber durch die Liebe im Herzen und die klare Intention, Heilung zu geben und zu empfangen, dürfen wir Menschen Teil dieses Wunders werden. Im Fokus steht die Heilung des Herzens, denn hier wird die größte Kraft im Menschen frei. Indem wir uns hingeben, wachsen wir über uns hinaus – hinein in die Liebe.

Auf physischer Ebene können so Traumata, die seit Jahren im Körper sitzen, gelöst werden. Energetische Muster, Blockaden und Störungen, die sich im physischen Körper zeigen oder aber auf emotionaler und mentaler Ebene ihre Spuren hinterlassen haben, können intuitiv aufgespürt und gelöst werden. Die Kraft der Liebe hilft zu erhellen.

Der Mensch schöpft aus der Schöpferquelle durch die Offenheit seines Herzens. Die daraus folgenden Möglichkeiten sind unendlich.

Selbstheilungsprozesse anstatt
Selbstzerstörungsprozesse

Die Lehre der heilenden Gesetze der Liebe im Fluss

Hilf dir, dir selbst zu helfen

Der Selbstheilungsprozess ist dann gestört, wenn du zum Beispiel etwas aus der Vergangenheit, aus der Ahnenreihe Mitgebrachtes in dir trägt. Es können aber auch von außen unbewusst aufgenommene Fremdprojizierungen oder Manipulationen sein. Dadurch, dass du dir selbst so viel Druck auferlegst, deine Bedürfnisse hintangestellt hast, kannst du dich selbst nicht mehr erkennen.

Ein dritter Grund, warum der Selbstheilungsprozess gestört sein kann, ist die Tatsache, dass du dir selbst nicht vergibst. Warum kannst du dir nicht selbst vergeben? Weil du dir die Zeit nicht nimmst. Und selbst wenn du dir die Zeit nimmst, hast du wirre Gedanken im Kopf und kommst nicht in deinen Frieden. Was machst du dann?

Hilfsmittel einsetzen

Leerschreiben

Schreibe alles auf, was du im Kopf hast, ohne den Stift abzusetzen. Dabei handelt es sich um ein sehr beliebtes Mittel, um den Kopf freizubekommen. Natürlich kannst du hierzu auch den Atem nutzen, doch manchmal hilft es, den Körper, die Hände und die Augen mitzunehmen. Wenn du deine Gedanken »sehen« möchtest und somit etwas Ersichtliches brauchst, so nutze diese Methode.

Du musst das Geschrieben nicht auswerten oder bewerten. Es reicht, dass du ihm eine Form gegeben und es dadurch aus deinem Kopf gelassen hast. *Sorge für einen klaren Kopf!*

Richtiges Atmen
In deiner Frequenz, in deine Herzenskraft. *Atme dich!*

Spazieren gehen
Bewege dich – erinnere dich an deinen Fluss – deinen Fluss des Lebens!

Entscheide dich ganz bewusst für eines der Hilfsmittel, um dich besser zu fühlen, um gesund zu sein. Mit der klaren Absicht, einen Anker in dir selbst zu setzen – zu dir zu kommen. Du hast Mitgefühl mit dir selbst. Du zeigst Verständnis in der Verbindung, in dem eigenen Bonding »Körper-Geist-Seele«.

Die Beziehung mit sich selbst ist ein Bonding, eine Verbindung zwischen Körper, Geist und Seele. Wenn diese Verbindung nicht da ist, solltest du etwas tun, um sie wieder spüren zu können. Finde heraus, auf welcher Ebene du blockiert bist:

✧ Ich fühle mich auf der Seelenebene blockiert, dann mache ich etwas über den Geist (Affirmationen, Meditationen, Atem).

✧ Bin ich im Geist und/oder den physischen Körper blockiert, sind die Gedanken verdichtet, so schreibe ich mich leer oder/und gehe hinaus (Geist und Körper).

Du atmest, betätigst den physischen Körper und fühlst dich damit wohl. Die Seele fühlt sich somit wohler und der Geist wird frei.

Je öfter du diese Hilfsmittel anwendest, desto klarer werden deine Gedanken und Gefühle. Es braucht dafür nicht immer mehr und neue Techniken. Es reicht, an der Basis zu bleiben.

Mach es dir leicht!

Reihenfolge, um wieder in deinen Selbstheilungsprozess zu kommen:

✧ Absicht zu dir selbst,

✧ die Öffnung,

✧ zu dir stehen.

Vergib dir selbst. Es war dir bis zum heutigen Tag nicht bewusst, wie viel und schwer du in dir getragen hast. Du hast dir vieles »nachgetragen«, nicht abgegeben, nicht losgelassen.

Du kannst dir nicht alles auf einmal ins Bewusstsein bringen. Irgendwann ist der richtige Zeitpunkt, die Ursachen zu erkennen, um sie dann loszulassen.

Geben: Du gibst dir selbst deinen Weg vor. Du gibst somit an dich. Durch deine Entscheidungen, die du triffst. Und dann nimmst du. Du bekommst die Energie deiner Herzenskraft, die du daraus gewinnst. Du nimmst Freiheit, Friede und Heilung.

Meditation
Atme in deiner Frequenz, pulsierend in deiner Geschwindigkeit, für deine Herzenskraft.

Gewinne dadurch noch mehr Entscheidungsfreiheit. Du lernst, dir dabei Stück für Stück mehr zu vertrauen. Du bist dankbar, dass dein Herz für dich schlägt, dass du große Wertschätzung in dir spüren kannst. Plötzlich ist in dir so viel Licht und Frieden. Der Kopf kann nicht mehr denken, sondern er genießt, indem er keine Anspannung mehr spürt. Somit ist der Körper von Selbstzerstörungsenergien befreit. Das heilende Gesetz der Liebe fließt.

Geh, setz dich, sprich!

Affirmation
»Ich bin das heilende Gesetz der Liebe. Ich mache es. In jedem Augenblick – mehr und mehr.«

Wesen der Selbstzerstörung
Lebst du im Fluss mit dem heilenden Gesetz der Liebe, befindest du dich im göttlichen Heilungsprozess.

Der Selbstheilungsprozess wird gestört oder unterbrochen, wenn die Wesen der Selbstzerstörung – wie destruktive, kraftvoll negative Gedanken und Gefühle – sich bilden. An diese gewöhnst du dich. Dadurch entsteht ein Muster, eine Vorgabe, von der du denkst, dass du sie leben musst. Es ist aber eine Scheingabe.

Beziehung – Bonding

Eine Beziehung mit sich selbst ist ein Bonding, eine Verbindung zwischen Körper, Geist und Seele. Wenn diese Verbindung nicht da ist, solltest du etwas tun, um sie wieder zu spüren (siehe Hilfsmittel).

In einer Partnerschaft ist das Bonding am Anfang eher oberflächlicher, man kennt sich noch nicht. Man ist eine Partnerschaft eingegangen mit der Absicht: Wir wollen zusammen einen gemeinsamen Weg gehen. Die Beziehung folgt erst, wenn man den anderen wirklich in sein Leben mit einbezieht, sich mit ihm austauscht, ihn an der eigenen Gefühlswelt teilhaben lässt und in die Tiefe geht, sodass man den anderen spüren kann und Vertrauen gelernt hat. Die Beziehung mit sich und mit dem Partner wird gestärkt.

Und dann gibt es das Bonding. Dabei handelt es sich um ein noch tieferes Vertrauen zu dir selbst, die Beziehung in dir selbst. Ja, ich bin da, ich werde geliebt. Und: Du bist geliebt!

Bonding, das Band, der Bund. Es ist die Entscheidung, gleichzeitig mit Körper, Geist und Seele deinen Weg zu gehen. So werden alle Ebenen mitgenommen: Der physische Körper mit seinen Bedürfnissen, die Seele, die sieht, fühlt, annehmen und geben kann, und der Geist mit seinen Gedanken, die ich denke. So fühle ich mich wohl und ganzheitlich.

Um das zu pflegen, braucht es Zeit für dich selbst. Das Lernen, Gedanken, Gefühle und Absichten zu bündeln, den Fokus auf einzelne Aspekte halten zu können, verlangt Übung und Zeit. Das Ziel ist, aufzufahren in den eigenen Himmel, in die eigene Leichtigkeit!

Meditationen

Göttlicher Funke – eine heilsame Lesemeditation

In dieser Lesemeditation ist es wichtig, dass du nicht versuchst, das, was geschrieben steht, zu verstehen. Gerne führe ich dich in dein Herz. Wahrhaftig. Schlage jetzt das innere Buch deiner Herzensweisheit auf. Mach es für dich und deine Herzenskraft, für die Liebe. Denn die Liebe fließt durch ein starkes Herz, das du in dir trägst. Glaube daran.

Zuversicht in dir ist nahe deinem Urvertrauen und jedes Lebewesen trägt Zuversicht in sich. Die Zuversicht führt dich zum Urvertrauen. Selbst und ständig zu sein bedarf auch, den tiefen Glauben in sich zu verankern, dass du nie allein bist. Glaube daran, dass diese Fülle des Göttlichen, die dich innerlich so sättigt, dich diese Fülle auch fühlen lässt. Fortwährend, in jedem Augenblick. Du kannst friedlich sein. Du bist Friede. Du bist ein göttliches Wesen und trägst das Geschenk des »göttlichen Funkens« in dir. Diese Fülle befriedigt unendlich jede Zelle im Körper. Es ist so schön, denn es mangelt dir an nichts.

Du Gotteskind hast in dir um Gottes Hilfe gebeten, da du keine Antwort wusstest und verzweifelt warst. Nicht mehr wusstest, wofür es sich lohnt zu leben. Dann hörtest du den Satz: Wenn du denkst, es geht nicht mehr, kommt von irgendwo ein Lichtlein her. Lerne, wie wichtig Geben und Nehmen sind und dieses im Gleichgewicht zu halten. Das Leben ist eine Schule, die Schule des Glaubens an den göttlichen Funken. Er ist das göttliche lichtvolle Wesen in dir, die Bewegung des Guten. Er bringt liebevolle Gedanken und gnadenvolle Gefühle. Du sollst es nicht verstehen, du sollst es fühlen. Das Gotteskind in dir, das auch dir in deinem Leben die Hände reichen kann, wird es verstehen. Wenn du nicht mehr weiter weißt und am Boden bist, wirst du begreifen, wie wertvoll die Anbindung zu deiner Göttlichkeit, zu deinem göttlichen Licht in dir ist.

Der göttliche Funke ist so unsagbar schön und leise, er trägt dich weise an einen stillen Ort, ganz weit fort. Er lässt dich sehen und aktiv werden für dein Leben, er lässt dich beben voller Glück, Friede und Freiheit, wenn du dich dafür entscheidest. Alle Menschen, die wir kennen, und auch alle, die wir verloren haben, sind immer bei und mit uns. Wir werden selbst einmal ein Teil davon und werden genau wissen, was der göttliche Funke in uns ausmacht. Du wirst fähig sein, dich selbst zu trösten.

Dein inneres Kind, das Gotteskind in dir ist fähig, einen segensreichen Dialog mit deiner Seele und deinem Herzen zu führen. Der Gottesfunke beruhigt deinen physischen Körper und schenkt dir tiefen Frieden. Er ist eine immer fortwährende, lichtvolle Kommunikation, die durch jede Zelle in deinem Körper fließt, und dessen Schöpferpunkt in deinem Herzen, in deinem Körper zu finden ist. Dehne in diesem Augenblick dein Herzchakra aus. So gut du kannst. Die Herzöffnung ist außerhalb deines manifesten Verstandes. Dieser steht und sabotiert dich. Er lässt dich in den Herzschmerz gleiten, in den Lebensschmerz. Wenn du ihn nun latent in dir spüren kannst, ist es nicht der Schmerz, der dich sabotiert, sondern der Schmerz, der dich in dein Herz führen möchte. Der Verstand steht, verweilt und lässt sich Zeit. Die innere Freiheit für deine herrlichen Gefühle trägt dich in den Fluss des Lebens und in deine Herzenskraft.

Der Verstand steht für dich. Er ist nicht gegen dich, sondern schenkt dir die Möglichkeit, denken zu können. Der Verstand ist bereits gelenkt durch die Absicht der Gedanken und durch seine Wiederholungen. All das läuft über das Gehirn. Der göttliche Funke wohnt nicht in deinem Kopf. Er lebt im tiefsten Raum deines Herzens, außerhalb allem Manifesten. Der göttliche Funke ist *die* Verbindung, die dir Tore für weitere Verbindungen öffnet. Der Weg prüft dich nicht, er kontrolliert dich auch nicht. Du hast dich bis jetzt einfach nicht auf dich einlassen können. Lass es nun geschehen. Für dich. Atme jetzt tief und lass los. Atme alles aus, was keinen Platz mehr in dir hat und was du nicht mehr brauchst.

Die Liebe hat nichts mit unserem Gehirn zu tun. Der Verstand kann nicht in dein liebes Herz getragen werden, aber dein Herzenslicht in deine Gedanken. Dein Herz ist für sich ein eigenständiges Wesen. Ein göttliches Wesen. Dieses

Wesen wurde dir gesandt, um mit dir das Licht Gottes, das schöpferische, kreative, universelle göttliche Wesen, das du bist, zu leben. Dich daran zu erinnern, im Gefühl zu erinnern. Ohne Denken. In den Verstand hineinfließen lassen. Nicht in diesem Augenblick, wenn du aus deinem Buch der Herzensweisheit liest, indem du es spürst und nicht in den Kopf trägst.

Der göttliche Funke ist lichtvoll. Es pulsiert mit dir, spielt mit dir in die Leichtigkeit hinein. Hinein in das Ungeschehene. Das Herz ist der Tempel des göttlichen Funkens. Der Tempel des allumfassenden Lichts. Die Zirbeldrüse ist der Verteiler dieses Lichts durch den inneren Glauben und Öffnung. Die Zirbeldrüse sendet Lichtblitze in den Momenten aus, in denen lichtvolle, aufrichtige Gedanken gepflegt werden, in Verbindung mit lichtvollen, leichten Gefühlen. Alles, was leicht ist, wird getragen, wie das Holz im Wasser. Du bist getragen durch das Element Äther/Geiststoff. Ein unsichtbares Fluid, ein Träger und Medium des Lichts. Dieser ätherische Geiststoff und Träger, Transporteur, Vermittler des Lichts (Lichtbringer), ist der Impuls des Herzschlags. Ohne diesen könnte das Herz nicht schlagen. Es schlägt aus Liebe zu dir und zu deinem Leben.

Das Gehirn trainiert die Überlebenskunst. Jeder Mensch arbeitet sich in ein besseres Wissen vor. Die Lichtsendung des Botengehirnteiles Zirbeldrüse wird vor der Freisetzung, der Aussendung, mit ätherischem Geiststoff bekleidet, so wie du bekleidet bist mit einem physischen Körper. Der Unterschied dazu ist, dass du den ätherischen Geiststoff in seinem Kleid nicht sehen kannst. Du kannst ihn spüren durch die Wach- und Achtsamkeit. Der Verstand wägt für dich ab. Er schützt dich und ist in der Lage, dich bei Gefahr zu warnen.

Gott sei dir Dank. Fühlst du dich gefüllt und satt? Fühlst du dich gerade gefühlt oder verstanden? Fühle dich gefühlt und wahrgenommen. Atme jetzt noch einmal tief durch und lass los. Lebe mehr in deinem Bewusstsein. Schwebe ein Stück mehr durch das Unbewusste hindurch, damit du das, was du gerade liest, noch tiefer integrieren und in deinem Körper ausdehnen kannst. In den Momenten, in denen du dich nicht gefühlt fühlst, ist die Wahrnehmung geschwächt, gut genug zu sein. Das Loslassen erscheint schwerer. Atme wiederholt tief ein und aus. Schaue mit offenen Augen hinunter zu deinen Füßen. Atme mit leicht geöffnetem Mund tief ein und aus. Atme so lange mit Blick auf deine Füße, bis du merkst, dass du noch tiefer atmest und das Gefühl gewinnen konntest, mehr losgelassen zu haben. Lass dir dafür viel Zeit.

Du wirst die Erhebung spüren und erleben dürfen. Hör nicht auf, für dich da zu sein. Mach weiter. Bitte. Du hast es verdient und es lohnt sich. Du befindest dich auf einem sehr hohen Niveau deines Bewusstseins. Sei dir der Möglichkeit der Aktivierung deiner intensiven Herzenskräfte in diesem Augenblick bewusst. Fühle dich rein in deinem Sein. Du darfst nun tiefe Sehnsucht spüren, das zu geben, was du für deine Mission mitgebracht hast – den göttlichen Funken in dir.

Nimm jetzt deinen Brustraum wahr. Du wirst die tiefe Atmung in diesem Moment in dir intensiver wahrnehmen.

Jeder Aufmerksamkeit folgt Energie. Sei dir bewusst, was du brauchst, damit dein Herz dafür schlagen kann.

Liebe das, was du machst. Liebe das, was du atmest. Liebe das, was du bist. Das Liebesfluid, das allgegenwärtig für dich da sein kann, wenn du dich dafür entscheidest und dafür lebst. In völliger Hingabe und Liebe.

Meditation Gottesfunke wahrnehmen

Setz dich bequem hin und konzentriere dich auf dein Herz. Widme deinen inneren Blick deinem Herzen. Atme liebevoll und beobachte deine Atemzüge. Atme immer ruhiger und ruhiger. Lenke deine Aufmerksamkeit voll und ganz in dein Herz. Bleib konzentriert und lass dich nicht ablenken. Ganz bewusst kannst du nach einigen Minuten deine Atmung steuern. Atme langsamer, ganz bewusst, beobachte deine Atembewegung in dir. Stell dich so ein, dass du tiefen Frieden in dir spüren kannst. Konzentriere dich auf dein Herz. Nimm dir Zeit.

Stell dir nun vor, wie du im Innenraum deines Herzens einen horizontalen Lichtring über das Herz hinaus aufsteigen und größer werden lässt, während du einatmest. Achte darauf, dass du beim Einatmen deinen Bauch mit Atem füllst. Beim Ausatmen lässt du den Lichtring liebevoll wieder kleiner werden und in das Herz hineinsinken. Wiederhole diesen Vorgang so lange, bis du dich unendlich gefüllt und geladen fühlst. Stimme dich voll und ganz in das Gefühl und Bild ein, das du gerade in dir trägst.

Atme nun in deiner Herzenskraft bewusst tief ein und aus und bündle bei jedem Einatmen deine machtvolle Herzenskraft in der Mitte deines Herzens. Entspanne dich dabei voll und ganz. Lass deine Gedanken abfallen und entspanne dich.

Diese gebündelte machtvolle Herzenskraft dehnt sich immer weiter aus. Wenn du so weit bist, beim nächsten Einatmen, hältst du kurz die Atmung an, und beim Ausatmen lässt du deine machtvolle Herzenskraft direkt von der bereits gebündelten Liebesenergie über beide Arme in die Hände hineinfließen. Nimm beide Hände wahr und spüre nun ganz entspannt und ohne Erwartung in die räumliche Mitte deiner Hände. Atme ruhig und bleibe auf deine Hände konzentriert. Du wirst nach kurzer Zeit einen kleinen ätherischen Lichtball in deinen Händen spüren, in der Größe einer Murmel. Lass diese Kraft in diesem Augenblick stärker werden. Nimm den göttlichen Funken in deinen Händen wahr.

Lass jetzt geschehen, was geschehen soll. Lass einfach los. Du kannst in diese Kraft für mehr Bewusstsein meditieren oder du schickst die Kraft zurück in das Herz und verweilst in deiner göttlichen Herzenskraft. Du kannst aus deinen Lichtkugeln die Herzensenergie einem Menschen oder einem Tier übertragen. Du kannst diese Herzenskraft auch einer Pflanze senden. Sei kreativ. Vertraue auf deine Intuition, vertraue auf dein Herzwesen.

Göttlicher Funke – Geburt

Bediene dich mit dem göttlichen Funken am Rad des Lebens. Bediene dich der Zeit, die dir zur Verfügung steht. Das ist das Rad der Rückführung, aber auch der Innenschau. Die Macht der Möglichkeiten. Das Rad, das dich in die Entspannung führt. Auf dem Weg in die Reinkarnation wird ein Rad genutzt. Das Lichtrad der mächtigsten Himmelschöre der Liebe und der Impulskraft Gottes, deinem Schöpfer, in Verbindung mit deinem freien Willen. Tue es, damit das Göttliche in dir gelebt werden kann. Immer mehr und mehr.

Im Lichttanz der Schöpferkraft wurde ein Impuls gesetzt, wird ein Rad in Bewegung gebracht in die Inkarnation. Für die große Mission unseres Universums – du. Die Speichen des Rades bringen alles mit – Erfahrungen, Bewusstes, Unbewusstes, Elemente, Seele, Geist, Begleiter und Erinnerungen. Ich nenne es auch gern Mutterkuchen, Mutterrad. Es ist ähnlich einer riesengroßen Torte mit ganz vielen Stückchen. In jedem Tortenstück befindet sich alles, was ein Mensch braucht, aber auch nicht braucht. Das Bewusstwerden ist notwendig, um nicht den falschen Weg oder Umwege gehen zu müssen.

Jedes Tortenstück ist gefüllt mit allen Qualitäten, die ein Mensch haben kann. Stell dir die Sonne vor. Der Kern der Sonne ist der göttliche Funke, die Ausstrahlung ihres Lichts sind die Lichtwesen. Der Kern der Sonne ist das Licht, das vollendete Qualitäten ausstrahlt. Je stärker der Glaube, desto kraftvoller das Licht. Ein großartiges Gefühl des Wohlseins.

Die Liebe ist die Ausdehnung des Lichts in alle Himmelsrichtungen. Die Ausstrahlung der Qualitäten sind die Gefühle, die sich auf Reisen begeben. Wenn du dich auf die heilige Spielwiese des Lebens begeben hast, auf der Wiese deiner Gefühle, bist du herzlich willkommen in dir. Deine Seelenanteile sind immer auf dem Weg, Erfahrungen zu sammeln. Hast du genügend Erfahrungen gesammelt, dann machst du dich automatisch auf den Weg zurück zum Mutterkuchen. Die Ausstrahlung wird mehr nach innen gelenkt. Dein inneres Licht leuchtet intensiver und du bist viel bewusster.

Mit wertvollen Gefühlen zurück nach Hause ins Licht. In dein inneres Licht, deinen Lichtanker. Du wächst und wirst immer größer. Du gehst herzorientiert deinen Weg des Lichts und der Liebe. Du gehst im Lebensfluss deiner Selbst und gewinnst ganz viel Raum und Platz für dich, um dich an all dem Guten, was das Leben dir bereithält, bedienen zu können. Du wirst deine Fähigkeiten nutzen lernen. Die Fähigkeit zu lieben. Die Fähigkeit, Liebe zu schenken. Die Fähigkeit, Liebe zu sein. Identifiziere dich mit dem göttlichen Wesen in dir und nicht mit dem Opferanteil, das durch Mitleid und Zweifel entstanden ist. Nur deshalb fühlt es sich an, als wärst du von deinem Wesen entfernt und kannst es nicht spüren.

Das alles und das, was du wirklich bist, anzunehmen und zu integrieren, wird eine Weile dauern. Es bringt dir unendlich viel Vertrauen. Du wechselst in mehr Selbstvertrauen und somit in die hohe spirituelle (energiereiche) Selbständigkeit. Du steigst auf in höhere Dimensionen und Perspektiven und wirkst als Mensch auf Erden anders. Wie ein Engel, denn es ist an der Zeit, dass du die göttliche machtvolle Heilkraft aus deinem Herzen durch die Hände fließen lässt. Lass es wirken. Du solltest in der Lage sein, dich selbst ein Stück weit heilen zu können, um wieder mehr in Verbindung mit dem Göttlichen zu stehen. Heilung auch im Bewusstsein, in deinen Gedanken und in deinen Gefühlen. Ich gebe dir einen Tipp, ganz banal. Spielen ist göttlich. Mit Spielen verbinden und begegnen sich die Gotteskinder auf einer anderen, höheren Ebene. Wenn dein Bewusstsein aufsteigt, verändert sich deine Wahrnehmung.

Je höher das Bewusstsein, desto mehr fühlt es sich an, als würdest du träumen. Es stellt sich eine Normalität ein. Die Liebe ist stärker zu spüren. Die Verbindung zum Göttlichen, zum Licht und somit zum Herzen.

Am Ende wie am Anfang: Über all(em) die Liebe.

Es ist nicht das Wissen, sondern die innere Weisheit, die dich sein und wirken lässt. Wisse es nicht, tu es, lass es fließen, damit es gelebt werden kann. Aus deinem Herzen in dein Leben hinein. Die Liebe bewegt sich in dir. In dieser inneren Bewegung findest du deinen Weg.

Die heilenden Gesetze der Liebe
in der Familie

Zunächst möchte ich in diesem Kapitel erwähnen, dass Kinder etwas ganz besonderes sind. Sie sind herzorientierte Lichtboten für jede Mutter und für die gesamte Familie, unabhängig davon, ob die Familie aktiven Kontakt pflegt. Die Herkunft ist für jeden Menschen ein wichtiger Teil, einer, der ihn ausmacht.

Kinder sind die leuchtenden Sterne am Horizont, sie haben es verdient, liebevoll erzogen und unendlich tief geliebt zu werden. In der heutigen Zeit jedoch sind unsere Kinder durch Umwelteinflüsse und Medien mit noch mehr Stress und Unruhe konfrontiert. Nicht nur sie, auch der Umgang der Eltern mit ihren Kindern wird durch diese Faktoren beeinflusst.

Ist das nicht schade? Kinder sind die größte Wertschätzung Gottes in ihrer Manifestation. Sie schenken den Eltern, vor allem der Mutter, die Chance, sich selbst im Kind zu erkennen. Alte gelebte Muster können ganz klar erkannt und losgelassen werden. Tiefe Verletzungen aus der eigenen Kindheit, die aus dem Bereich der Familie stammen, werden deutlich erkannt. Diese Erkenntnisse führen zu Heilung für sich und alle Beteiligten im Rahmen der Familie. Nicht erkannte Muster werden von den Kindern oft stark ausgelebt. Sie zwingen regelrecht die Eltern, intensiver auf diese Themen einzugehen und hinzuschauen.

Kinder sind der Ausdruck von Liebe. Purer Liebe. Wenn die Eltern auf die Gesten und Worte ihrer Kinder achten, so erkennen sie ihre Defizite und Blockaden.

Fallbeispiel: Ein kleiner Junge namens Julian schaute oft sehr traurig und verunsichert. Die Mutter war verzweifelt und suchte bei mir Rat, um herauszufinden, warum ihr Sohn so traurig ist. Der Grund war, dass ihr Sohn sich nicht beachtet fühlte, da sie zwar viel Zeit miteinander verbrachten, doch schenkte sie ihm kaum ungeteilte Aufmerksamkeit. Zum Trotz motzte er seine Mutter sehr häufig an. Ich empfahl ihr, dass sie ihre To-Do-Liste in gebündelter Zeit abarbeiten soll, zum Beispiel in der Zeit, in der ihr Sohn in der Schule ist, damit sie anschließend Julian ein bis zwei Stunden ungeteilte Aufmerksamkeit schenken kann. Julian fühlte sich zuvor zurückgesetzt und nutzlos und ihm war sehr langweilig. Julians Mutter erzählte mir, dass ihr Kopf immer so voll sei, da es mit ihrem Mann nicht mehr stimmte. Nach der Sitzung konnte die Mutter die Information der ungeteilten Aufmerksamkeit umsetzen und gab Julian gerade in der Zeit der Disharmonie zwischen Mutter und Vater die volle Aufmerksamkeit, sodass er bereits nach kurzer Zeit wieder ausgeglichener und fröhlicher wurde. Julian fühlte sich wieder anerkannt und gesehen.

Kinder schenken eine Form von Liebe, die tiefer geht als bislang gelebt werden konnte. Diese Liebe ist unsagbar anders. Die Absicht, diese Liebe in ihrer Essenz erleben zu wollen, braucht eine klare Entscheidung. Diese Entscheidung ist für das eigene Kind und dessen Wohlergehen. Vor allem in den ersten Lebensjahren ist das Kind sehr stark und eng mit der Mutter verbunden.

Kann sich eine Mutter nicht zu ihrem Kind bekennen, liegt es oft an extremer Existenzangst, an Freiheitsverlust oder an einer ungeplanten Schwangerschaft.

✧ Existenzangst: Mutter fühlt sich eingesperrt.
✧ Freiheitsverlust: Mutter ist wütend auf das Kind.
✧ Ungeplante Schwangerschaft: Mutter hat große Wut auf den Kindsvater.

Die Herzensbildung des Kindes

Die Herzensbildung ist das lichtvollste Geschenk, was einem Kind auf seinen Lebensweg mitgegeben werden kann. In der Zeit seines Wachstums ist die Förderung der emotionalen Intelligenz zur Herzensbildung unumgänglich. Es ist wichtig, soziale Wesenszüge im Kind zu fördern. Sie legen den Grundstein für das spätere Leben. Das Kind wird unabhängiger, kritikfähiger und somit selbstständiger. Durch das geförderte Vertrauen können Kinder ihren vorbestimmten Lebensweg klar sehen und gehen.

Diese Herzensbildung ist für die Förderung der machtvollen Kraft der Herzensenergie des Kindes eine wertvolle Unterstützung und ein Geschenk für die ganze Familie. Ein Kinderlächeln bringt nicht nur einem Familienmitglied einen

Moment reiner Herzensfreude, es können auch viele andere Menschen außerhalb der Familie erreicht werden. Diese Herzensbildung kann von der Mutter gefördert werden durch:

✧ Förderung des Lachens und der Freude im Kind,
✧ Liebe und Schutz versprechen – das fördert das Vertrauen, sodass das Kind vertrauensvoll nach vorn schreiten kann,
✧ das Kind ausreden lassen,
✧ intensiven Augenkontakt (mindestens einmal täglich), auch wenn es nur paar Sekunden sind. Während des Augenkontakts ein Lächeln bzw. liebevolles Gefühl in sich tragen.

Das Geschenk »Kind« – ein großartiger Spiegel

Das Geschenk »Kind« sollte in seinen jungen Jahren die Mutter und den Vater an die bewegende Liebe und an ihr eigenes Urvertrauen erinnern. Kinder sind ein großartiger unbewusster Spiegel. Wird dieser erkannt und liebevoll behandelt, können alle Beteiligten davon profitieren.

Kinder sagen oftmals Dinge, die die Mutter staunen lassen und überraschen. »Mama, du musst mich nicht schimpfen, ich bin noch klein.« »Wenn ich groß bin, kann ich das.« »Ich will nicht größer werden.« »Ich will im Bauch wohnen.« Hinter all diesen kindlichen Sätzen verstecken sich starke Botschaften, die gesehen werden wollen. Kinder sprechen aus dem Herzen. Über das Einfühlungsvermögen der Eltern ist nahezu alles möglich. Sie nehmen großen Einfluss auf die Prägung ihres Kindes.

Das heilende Gesetz der Liebe in der Erziehung

Dieses heilende Gesetz in der Familie anzuwenden, ist eine große Chance für die Heilung bis zurück in die Ahnenreihen. Ein stolzes Gefühl wird aus der Tiefe erhoben, getränkt in Dankbarkeit und Wertschätzung, »ein kleines Geschöpf erschaffen zu haben«. Dieser gefühlte Stolz sollte ein allgegenwärtiger Begleiter sein, der wiederum das Kind spüren lässt, dass es sehr geliebt und beschützt wird. Das Kind fühlt sich dadurch geborgen.

Gesunde emotionale Bindung

Für die Eltern ist es immer wieder wichtig, die gesunde emotionale Bindung zum Kind fortwährend zu fördern und aufrecht zu halten und sich darüber bewusst zu sein. Es ist ein energetischer Liebesbrief an das Kind, der die Beziehung festigt und das gegenseitige Urvertrauen füreinander stärkt. Zuwendung bedeutet Geben und Nehmen in der Mutter-Kind-Rolle. Sozusagen eine aufmerksame Kommunikation und Konversation mit dem Kind führen, in denen sich das Kind so gut wie möglich ausgiebig ausdrücken darf. Dadurch werden die Energien für eine gute, sichere Bindung ausgelöst, die sich folglich durch Körperberührungen festigen.

Es ist eine wundervolle Idee, mit dem Kind mit Puppen oder Tierfiguren in einen Dialog zu treten, der dem Kind guttut. Es ist wie eine Therapieform, um etwas spielerisch zu verarbeiten. Das Kind kann die Rolle übernehmen, die es gerade empfindet oder braucht. Es können auch ausgiebige Gespräche stattfinden über all das, was das Kind am liebsten macht (Hobbys). All das fördert das Bonding.

Die Bedürfnisse des Kindes erkennen

Das Kind hat ihm innewohnende Bedürfnisse, auf die die Mutter achten und hören soll. Wenn die Eltern ihre eigenen Vorstellungen und ihren Willen dem Kind überstülpen, werden deren Individualität und Entfaltungsmöglichkeit verdeckt. Wahre Talente und Kreativität werden verschleiert. So kann das Kind im Erwachsenenalter seinen eigenen Weg nicht klar erkennen und gehen.

Ein Kind befindet sich immer auf der Suche nach sich selbst und seinen wahren Bedürfnissen. Jedes Kind ist ein eigenständiges, individuelles Wesen mit eigenen Bedürfnissen, es hat seinen eigenen Lebensweg und seine eigene Lebensaufgabe zu erfüllen. Jedes Lebewesen leiht sich seine Eltern aus, um sich auf Erden weiterzuentwickeln. Kein Lebewesen ist Eigentum der Eltern. Das ist ganz wichtig zu wissen.

Die Bedeutung von Grenzen

Kinder brauchen Nähe und die *starke Liebe* der Mutter in der Erziehung. Grenzen setzen ist unabdingbar für den Respekt untereinander. Oft muss sich dieser regelrecht erkämpft werden, da die festgefahrenen Muster der Eltern noch nicht aufgelöst sind. Grenzen setzen kann auch manchmal wehtun, wenn das Kind ein klares Nein noch nicht zu akzeptieren weiß. Mütter sind oft weicher als Väter und ziehen deshalb nicht so enge *Grenzen*. Die strengeren klaren Grenzen der Väter haben einen ebenso hohen Wert, wenn sie in Synergie mit der Mutter gehen.

»Gesund Grenzen setzen« bedeutet, sie nicht aus einem Druck heraus geschehen zu lassen. Gesetzte Grenzen aus unterschwelliger Wut oder aus Zeitstress wären künstlich erzeugt und auf keinen Fall die Wahrheit für das Kind. Es könnte sein, dass sich das Kind in manchen Situationen, zu einem späteren Zeitpunkt, nicht richtig ausdrücken kann oder selbst Grenzen falsch setzt. Sobald einem Elternteil bewusst ist, das es zu streng war oder ungerecht, die Grenze zu streng oder zu hart aufgezeigt hat, dann ist es ausreichend, wenn ein Satz ausgesprochen wird, wie zum Beispiel: »Mein Schatz, ich hatte so viel zu tun oder war überfordert, sodass ich gerade zu streng zu dir war. Entschuldige bitte. Ich liebe dich.«

Gesellschaftszwänge sind in der heutigen Zeit nicht mehr notwendig, um sie dem Kind überzustülpen. Das Kind in die Gesellschaft einzuführen, sollte locker und entspannter gestaltet werden, da Kinder der heutigen Zeit wahrhaftig ihren eigenen Weg gehen werden, um die Muster der Eltern und Vorfahren in eine höhere Eben zu tragen. Dem Himmel sei Dank dafür. Die Psychologie unserer Kinder wird sich verändern durch die globale Energieveränderung.

Was du konkret tun kannst

Einfühlungsvermögen gegenüber dem Kind
Der ideale Wert von Mutter und Vater zum Kind – ist das
Einfühlungsvermögen. Wenn

- sich das Kind unsicher fühlt,
- es in das Trotzalter kommt,
- es Veränderungssituationen ausgesetzt ist (Trennung,
  Einschulung, Lehrerwechsel, Ortswechsel etc.),
- es in die Pubertät kommt.

Bitte immer die liebevolle Mutter-Kind-Verbindung pflegen.
Über die Stimmlage wird die Liebe übertragen. Sanftes aufrichti-
ges Sprechen in Liebe ist Gold wert.

Die Liebe zu seinen Kindern fühlen zu können, ist das
größte Geschenk, vor allem für eine Mutter. Die Schwangerschaft, in der man erlebt, wie das eigene Kind im Bauch
wächst, ist eine lichtvolle und magische, eine unvergessliche
Zeit. Liebevolle Zuwendung schenken ist für Mutter und
Kind eine heilige Zeit. Diese tiefe liebevolle Verbindung sollte weitergepflegt werden:

- Das Kind sollte oft herzlich in den Arm genommen werden.
  Dabei sollte es ungeteilte Aufmerksamkeit bekommen.
- Das Kind im Elternbett schlafen lassen, wenn es das klar
  kommuniziert, wenn es die Nähe und Wärme in der
  Nacht sucht und braucht.

✧ Das Kind braucht ungeteilte Aufmerksamkeit von seinen Eltern. Täglich eine intensive Zeit mit dem Kind (müssen nicht viele Stunden sein) verbringen, ist unsagbar wertvoll. Eine berufstätige Mutter sollte Zeit für eine tägliche intensive Stunde zusammen mit ihrem Kind finden. Es sind nicht die Stunden, sondern die Intensität während des Zusammenseins. Das Kind wird es herzlich danken.

Das Kind nähert sich, durch die ungeteilte Aufmerksamkeit der Mutter, noch näher an:

✧ auf körperlicher Ebene – durch festere oder längere Umarmungen,
✧ auf mentaler Ebene – durch schöne unerwartete Worte,
✧ auf seelischer Ebene – mit einem tief berührenden Ausdruck (z. B. Küsschen geben), der auch das innere Kind der Mutter heilt, sodass diese Heilung in der Beziehung, in der Partnerschaft bewirken kann.

Ein Kind spürt gern den Schutz seiner Eltern und lässt sich von den Eltern beobachten, um sich sicher zu fühlen. Einfach so, zum Wohlfühlen.

✧ Das Kind bei Aktivitäten beobachten, zum Beispiel beim Sport oder auch mal beim Spielen dableiben. Das Kind fühlt sich instinktiv beschützter und anerkannt. Eine wundervolle Weise, um seinem Kind Aufmerksamkeit zu schenken.

✧ Kraftvoll durchatmen, bewusst beschützend in die Arme nehmen und sagen »Mama, Papa beschützen dich« – das Kind fühlt sich in der Tiefe sicherer.
✧ Zwischendurch loben. Mindestens einmal am Tag, um seine Qualitäten zu fördern.

Was kannst du deinem Kind bewusst schenken?

Achtsamkeitsübung in der Erziehung
Achte täglich darauf, dass dein Kind:
✧ mit einem Lächeln aus dem Haus geht,
✧ mit einem Lächeln einschläft,
✧ getröstet wird und Zuwendung bekommt, wenn es traurig schaut,
✧ mindestens einen Wunsch am Tag erfüllt bekommt.

Ferner achte darauf, dass
✧ es, so gut es geht, etwas zu Ende spielen darf,
✧ es gutes Wasser trinkt und auch immer dabeihat,
✧ es so viel wie möglich in der Natur lernen darf (Pflanzen, Tiere),
✧ du ein tägliches Gebet im Geiste für dein Kind sprichst – für einen liebevollen Lebensweg,
✧ du täglich kurz mit einem Lächeln deinem Kind bewusst in die Augen blickst.

Alle diese Punkte sind lichtvolle Handlungen. Versuch es einfach und erlebe das Wunder. Ein Kind braucht Lob und

Komplimente, möchte nicht immer kritisiert werden. Es braucht Erklärungen, damit es verstehen lernt und seinen Lebensfluss erfahren kann. Es gewinnt dadurch Anerkennung, Verständnis und Vertrauen.

Affirmation
»Ich bin tiefes Vertrauen und freue mich darüber, dass mein Kind einen liebevollen Lebensweg erfährt.«

Gebet
»Lieber Vater, Mutter, Gott (Schöpferkraft) segne mich in meinem Heim. Halte deinen schützenden Schirm über mich. Möge mein Kind im Schutze deines Höchsten stehen und höchste Liebe erfahren. Danke.«

Was sollte eine Mutter bei ihrem Kind vermeiden?

Keine Tür vor dem Kind verschließen, um für sich Ruhe zu haben, zu telefonieren oder das Kind sogar in ein Zimmer einsperren. Ausschlaggebend ist das Zusperren. Hier beginnt sich das Herz des Kindes zu verschließen. Bei wiederholtem Türeverschließen oder Wegsperren kann sein Selbstwert und Selbstbewusstsein während des Wachsens nicht gestärkt werden. Diese Anteile bleiben vor Schreck in der Stagnation. Selbstwert und Selbstbewusstsein können sich dadurch nicht entwickeln, jedoch im Erwachsenenalter durch Hilfe aufgearbeitet werden. Das Kind gewinnt eher das Gefühl, dass es nicht willkommen ist und erleidet einen tiefen Herzschmerz. Es kann sich dann im Kindergarten oder in der Schule ausgegrenzt fühlen und erschafft durch diese innere Haltung schließlich die Plattform dazu. Das führt bei dem Kind zum inneren Rückzug, da es selbst nicht verstehen und auch später nicht fassen kann, warum es ausgegrenzt wird.

Je mehr das Kind jedoch von den Eltern gestärkt wird, desto gefestigter ist die Persönlichkeit im Schulalter. Kinder fühlen sich schnell verloren, wenn sie zu Hause nicht den notwendigen Rückhalt bekommen.

Kinder werden oft in ihrer Leichtigkeit erdrückt, da die Geduld der Eltern durch den Druck von außen nicht vorhanden ist. Ihnen wird das Lächeln oft genommen. Es kann sogar so weit kommen, dass durch die schlecht gelaunten Eltern das Kinderlächeln verboten wird. Manchmal sind die Eltern von der Fröhlichkeit des Kindes genervt. Das sollte wirklich nicht passieren, da dies durch Wiederholungen zu Folgeschäden auf der Seelenebene führen kann.

Wahres Fallbeispiel: Eine Mutter läuft mit ihrem Kind in einen kleinen Bioladen. Das Kind hat Lust auf einen Apfel und nimmt einen aus dem Korb. Sofort reagiert die Mutter gereizt durch ihre schlechte Laune und fährt das Kind mit kraftvoll grober Stimme an: »Was machst du da wieder, du elendiger Bastard.« Ihr Kind lässt augenblicklich den Apfel aus der Hand zurück in den Korb fallen und torkelte mit geknickter Haltung seiner Mutter hinterher. Es könnte sein, dass diese Mutter total überfordert ist in ihrem Alltag und das an ihrem Kind auslässt. Womöglich ist sie sich der seelischen Folgen bei ihrem Kind nicht einmal bewusst.

Der Tonfall ist von großer Bedeutung. Ein kraftvoll aggressiver Ausdruck in der Stimme schwingt das Kind sofort in eine sehr niedrige Stimmung. Durch das Wiederholungsgesetz festigt sich zumal diese niedere Stimmung in der Kinderseele, wodurch das Kind bereits abgestumpft ist, da es durch diese Formen von Verletzungen und den entstandenen Schleier über der Leichtigkeit nicht mehr reagieren kann. Das kann wiederum dazu führen, dass das Kind (der Mutter) nicht mehr (zu)hören will oder kann und daher als ungezogen abgestempelt wird. Möchte es dann Aufmerksamkeit von der Mutter, drückt das Kind dies meist in Quengeln und konstantem Fordern aus.

Wie kann die Mutter die heilenden Gesetze der Liebe auf das Kind übertragen?

Sich selbst zu erziehen, ist ein feiner, effektiver, nachhaltiger Zug gegenüber sich selbst und seinem Kind, wenn die Erziehung eine gute und gesunde Form annehmen soll. Um ein Kind gut erziehen zu können, sind das Wachsein, die Aufmerksamkeit und die Beobachtung gegenüber dem, was das Kind macht oder nicht, sehr wichtig.

Ein weiterer starker Punkt für eine gute Erziehung ist, sich selbst aus den eigenen Erziehungsmustern zu befreien. Bewusst in einer tragbaren Geschwindigkeit für die Mutter.

Das sollte als Erstes aus Liebe zu sich selbst geschehen und dann aus Liebe zu dem Kind.

Beispiele zum Punkt Erziehungsmuster: Wenn der Vater sein Kind nie umarmt, entsteht eine unterschwellige Sicherheitsangst. Übertriebene Abhängigkeit gegenüber den Eltern führt zu Unselbstständigkeit. Alle diese Informationen blockieren den eigenen Fluss. Das Kind spürt das und kann es meist nicht einordnen. Wachsam sein in der Eltern-Kind-Rolle dankt das Kind, wenn es größer wird.

Erst wenn diese Erziehungsmuster gelöst sind, ist die Erziehung erlebbar leichter und unkomplizierter und trägt stark zur Charakterveredelung bei. In der Mutter-Kind-Beziehung gibt es immer wieder Konflikte. Diese können leichter gelöst werden, wenn das Verständnis zum Thema Erziehung in sich vertieft wurde. Das Kind gewinnt an wertschätzender Anerkennung tief in sich, ohne das Gefühl zu haben, dafür kämpfen zu müssen. Das heilende Gesetz der Liebe in der Erziehung fordert einen starken Bezug zum Kind ein. Nicht in Abhängigkeit, sondern im Sinn von Geben und Nehmen in Bezug auf das Mutter-Kind-Thema. Das Kind ist der Mutter, den Eltern, ausgeliefert. Bewusste Erziehung ist lichtvoll. Das unbesorgte Licht im Kinderkörper ist ein heiliges Wesen voller Liebe.

Ein Baby, das nicht sprechen kann, kommuniziert über das Schreien. Es ruft: »Mama hilf mir. Bleib bei mir. Wo gehst du hin? Gibst du mir etwas zu essen? Mir ist kalt. Ich bin müde. Trägst du mich? Darf ich dich spüren? Ich liebe dich …« Wenn sich eine Mutter immer wieder vor Augen hält, dass die nonverbale Kommunikation ihres Kindes schon in der Schwangerschaft da war, wird sie eine grundlegend andere Einstellung gewinnen, die das Kind für sein ganzes Leben positiv beeinflussen und lenken wird. Im Kinderkörper wohnt eine reife Seele mit vielen bereits gelebten Leben. Der Körper wird auf Bewusstsein trainiert, während er wächst.

Bewusst werden in der Erziehung bedeutet, sich nach oben zu ziehen, sich aufzurichten, um sich selbst nicht zu richten und zu bewerten, sondern die heilige Mission »Kind« richtig zu vollbringen – in den eigenen Gedanken, Taten und Worten.

Lerne dich selbst kennen –
Thema Partnerschaft/Beziehung

Ich sehe eine Kluft zwischen der Heiligkeit einer Beziehung und der Art und Weise von Beziehungen, wie sie heute sehr häufig gelebt werden. Die Aufgabe der Liebe in einer Beziehung zu verstehen, ist für das Beziehungsband und das Bonding notwendig, damit eine gute Partnerschaft funktionieren kann.

Wenn dein Partner nicht mitzieht, parallel mit deiner Weiterentwicklung, dann gibt es einiges zu bedenken. Die Aussage, wenn einer der Partner heil ist, dann wird der andere Partner auch geheilt, stimmt nicht ganz. Viele leben in dem Unglauben, dass ihre Partnerschaft wieder gut wird, wenn sie sich selbst verändern und sich weiterentwickeln. Ist der Partner aber für die Weiterentwicklung nicht offen, ist die Beziehung bereits gescheitert. Wenn nicht sofort, dann zu einem späteren Zeitpunkt. Die Trennung ist vorprogrammiert.

Selbstbeziehung ist der Bezug zu sich selbst

Bezug zu dir selbst bedeutet, das eigene Leben auf dich zu beziehen, um zu erkennen, was und wie du deine Beziehung für dich und die Partnerschaft gestaltest.

Die folgenden essenziellen *2 mal 7 Fragen* der Partnerschaft dienen dir als Orientierung für deine eigenen Beziehungen. Über die Fragen und ihre möglichen Antworten kannst du dich selbst kennenlernen und überprüfen, ob es etwas gibt, was dich blockiert.

Die essenziellen *2 mal 7 Fragen* der Partnerschaft sind:

✧ Fühlst du dich emotional vernachlässigt, in deiner Erwartung, deinem Vertrauen, deiner Gutmütigkeit?

✧ Schenkst du dir selbst Wertschätzung, Respekt, Aufmerksamkeit und Anerkennung?

✧ Hast du ein schlechtes Gewissen – zum Beispiel durch Überforderung/Belastung?

✧ Trägst du Enttäuschung in dir?

✧ Ist die Leichtigkeit verloren gegangen?

✧ Trägst du Schuldgefühle in dir?

✧ Nimmst du dir Zeit für dich selbst?

1. Fühlt sich dein Partner emotional vernachlässigt?

2. Schenkst du deinem Partner Aufmerksamkeit und Anerkennung?

3. Hat dein Partner ein schlechtes Gewissen – zum Beispiel durch Überforderung/Belastung?

4. Trägt dein Partner Enttäuschung in sich?

5. Ist die Leichtigkeit verloren gegangen?

6. Trägt dein Partner Schuldgefühle in sich?

7. Nimmt dein Partner sich Zeit für sich selbst?

1. Fühlst du dich emotional vernachlässigt?

Dazu gehören unerfüllte Erwartungen, sich selbst Aufmerksamkeit und Anerkennung zu schenken, nicht zu flüchten, wegzulaufen oder wegzuschauen.

Bist du wirklich vernachlässigt? Hast du eventuell zu hohe Erwartungen gegenüber deinem Partner? Gestehst du dir Eigenliebe zu? Gutmütige, aufrichtige und vertrauensvolle Menschen bleiben meist zu lange in ihren schwierigen Beziehungen. Sie glauben daran, dass alles gut ist. Sie vertrauen durch das in sich wachsende Urvertrauen sehr stark ihren Partnern. Sie gehen davon aus, dass der Partner genauso funktioniert wie sie selbst.

Wenn jedoch der Partner dieses Vertrauen nicht annehmen kann, es ausnutzt, kommt die Nichtannahme folglich auf einen selbst zurück. Zweifel treten plötzlich auf und meist auch Verlustängste. Die Energie geht schleichend verloren und die Angst, den Partner zu verlieren, wird stärker. Nachdem das Bonding (Bindung) nicht mehr da ist, wird versucht, es künstlich zu halten. Das gelingt über einen bestimmten Zeitraum durch unehrliches, aus Angst antrainiertes, künstlich erschaffenes Liebsein und indem die eigenen Bedürfnisse zurückgesteckt werden.

In diesem Fall ist es sehr wichtig, die bereits wahrgenommenen Zeichen und Signale ernst zu nehmen und so früh wie möglich zu reagieren und zu handeln. Wie viele Menschen mussten großes Leid erfahren, da sie immer an die Liebe ihres Partners glaubten. Zumeist wurden Selbstliebeanteile an den Partner vergeben. Das ist daran zu erkennen, dass alles für den

Partner getan wird, ohne auf die eigenen Bedürfnisse zu achten.

Etliche Menschen geben ihren Partnern zu viele Chancen, obwohl die kein Interesse haben, sich zu öffnen. Immer wieder wird der Fehler dann bei sich selbst gesucht, anstatt zu akzeptieren, dass diese Beziehung ihren Zenit erreicht hat und kein noch so effektiver, guter, nachhaltiger und harmonischer Austausch mehr möglich ist. Das wiederum führt zum Seelenleid, das definitiv nicht sein muss. Der Fehler kann auch sein, sich nicht rechtzeitig zu trennen, wenn es ansteht! Es muss erkannt werden, dass es auch in der Partnerschaft Sackgassen geben kann.

Es ist nicht notwendig, sich selbst bis ans Ende zu treiben. Die Entscheidung sollte bereits am Kreuzpunkt getroffen werden, wenn die Zweifel am stärksten sind. Trennung ist in diesem Fall heilsam, enorm heilsam, auch wenn es zuerst sehr schmerzt. Die innere Vollkommenheit kann durch diese Heilung erfahren werden. Das Gefühl, die richtige Entscheidung getroffen zu haben, wird sicher folgen. Ein Leben lang mit einem Partner zusammen zu sein, der nicht offen ist, nicht mitgeht, an einem Strang zieht, ist sehr kraftraubend. *Beziehung – Bezug*. Einen Bezug darin zu haben, einen gemeinsamen Weg gehen zu wollen.

In einer Beziehung ohne Wertschätzung sollte frühzeitig professionelle Hilfe aufgesucht werden, um sich wertvolle Zeit zu sparen, egal ob psychologische Beratung, Coaching, NLP oder andere Formen der Lebenshilfe.

Die Aussage, dass *alles* einen karmischen Grund hat, wäre eine Ausrede. Diese Haltung schützt nicht vor Strafe durch derartige Erfahrungen. Es ist auf einer lichtvollen, höheren Ebene zwar immer sinnvoll, das ist jedoch nicht Karma oder karmisch. Nicht alles ist Karma, da nicht alle Menschen von Karma bestimmt werden auf dieser Erde. Es gibt Menschen, die sich aus den Verstrickungen von Karma erlösen können oder von Karma frei geborene Menschen sind. In der heutigen Gesellschaft ist eine Erlösung von allen Verstrickungen notwendig, wenn eine glückliche Partnerschaft angestrebt wird. Jeder sollte sein wahrer Botschafter seines Herzens sein.

2. Schenkst du dir selbst Wertschätzung, Respekt, Aufmerksamkeit und Anerkennung?

Alle diese Werte sind unendlich wichtig. Oftmals gelingt es einem nicht, sich selbst das verdiente Lob durch eigene Wertschätzung, durch auf sich gelenkte Aufmerksamkeit, aufrichtige Anerkennung zu schenken. Man sollte sich bei einem solchen Partner fragen, ob er überfordert ist oder sogar belastet. In welche Richtung geht diese Überforderung und Belastung wirklich – bei einem selbst oder dem Partner. Gibt es noch etwas aus der Vergangenheit zu lösen? Wie weit liegt es zurück? Wenn der Partner nicht mehr richtig danke sagen kann, auch keine Dankbarkeit zeigt, schenkt er auch keine Wertschätzung. Daher kommt das Gefühl auf, sich gegenseitig zu nerven.

Dann ist es an der Zeit, die zu enge Kleidung aufzureißen, um sich zu entfalten. Der nötige Respekt sollte auf keinen Fall verloren gehen. In dem Moment, wo dieser verloren geht, wird es schwierig, die Partnerschaft über einen längeren Zeitraum aufrechtzuerhalten. Der Seelenheil-Wert »Wohlfühlen« wird in die Ferne gerückt. Respekt ist eines der wichtigsten Werte in der Beziehung. Beginnt Respektlosigkeit durch einen Partner in die Beziehung einzufließen, wird es zu einem späteren Zeitpunkt auch nicht mehr möglich sein, diese Beziehung durch einen Neuanfang zu beleben.

3. Hast du ein schlechtes Gewissen – zum Beispiel durch Überforderung/Belastung?

Schlechtes Gewissen in sich tragen, bedeutet eine Opferhaltung. Sich als Opfer fühlen und alles tun, was der Partner sagt, um seine Erwartungen zu erfüllen. Das Gefühl eines »schlechten Gewissens« hat in der negativen Gefühlswelt die niedrigste Schwingung. Es ist kein Wegbereiter, sondern ein großer Stolperstein. Wie viele Menschen leben das schlechte Gewissen? Jeder wird von den Menschen miterzogen und erzogen, die unmittelbar mit ihm im Leben zu tun hatten oder in Kontakt gekommen sind.

Die Opferhaltung ist sehr weit verbreitet, vor allem in vielen Beziehungen. Durch die Opferhaltung entsteht der Entzug der Eigenermächtigung. Das starke Gefühl, das Geburtsrecht verloren zu haben, dehnt sich aus und die allgemeinen Zweifel wachsen. Gedanken wie: »Was soll ich hier?«, »Was ist das für ein Leben?«, »Hab ich alles gegeben?«, »Hätte ich mehr geben können?«, »Habe ich mich richtig verhalten?«, »Hätte ich es verhindern können?«, finden immer mehr Raum im Kopf und festigen so die innere Haltung des Opferseins.

Die Menschen haben oftmals die Wertschätzung gegenüber dem Leben verloren und empfinden das Leben nur noch als Kampf. Dieser innere Kampf mit dem eigenen Leben trägt sich wie ein Virus weiter hinein in die Partnerschaft und in die Beziehung. Dieser Kampf wird energetisch, physisch oder emotional ausgetragen. Das schlechte Gewissen ist oft bereits in frühen Jahren in der Kindheit über den Kollektivdruck anerzogen, wie sich jeder zu verhalten hat.

Das ist ein Gesellschaftsmuster, das immer latent mitschwingt im Leben und seine Wirkung zeigt. Wenn die Zeit da ist, kann dieses Muster aber erkannt und aufgelöst werden. Ähnlich dem Gähnen, das bekanntlich ansteckend und übertragbar ist. Wodurch kann das schlechte Gewissen genährt werden? Durch:

✧ Selbsthass, weil du etwas nicht erreicht hast, weil du nicht funktioniert hast. Eine Selbstenttäuschung, die zum Selbsthass geführt hat.

✧ Fehlender Selbstglaube durch Entzug eines guten Weltbilds. Sich beleidigt fühlen von der ganzen Welt. Das kann auch aus einem anderen Leben mitgebracht worden sein.

✧ Zu großer (Licht)Spiegel sein. Ist der Partner tieftraurig, unter Druck, schwer belastet, mit sich selbst unzufrieden, löst der andere – der sich durch sein Licht weiterentwickelt hat –, bei dem Partner noch mehr Druck aus, da dieser sich nicht öffnen möchte oder kann. Ein bewusster Mensch kann sich zurückhalten und stark polarisieren.

Mitgefühl und Verständnis, trotz aller Widrigkeiten gegenüber dem Partner empfinden zu können, hat viel Wertschätzung verdient. Diese Wertschätzung wird unbewusst auf den anderen Partner übertragen, die zu einem späteren Zeitpunkt in seinem Leben Platz gewinnen wird. Meist kann, wenn die Beziehung bereits beendet ist und die Zeit für ihn reif ist, diese übertragene Wertschätzung für ihn Früchte tragen.

✧ Wenn Überforderung das Leben bestimmt. Ist das Gefühl von schlechtem Gewissen in seiner Gefühlswelt bereits vorhanden oder wurde es noch durch eine schwere Belastung (emotional, körperlich, mental) verstärkt, dann muss dringend abgefragt werden, wann das Gefühl der Überforderung entstanden ist, damit der Samen zur Heilung dafür seinen Anfang finden kann. Was macht die meiste Belastung? Es ist zu empfehlen, ein eigenes Zeitmanagement durchzuführen, Entspannungsmethoden auszuwählen und die Dinge zu hinterfragen, die keinen Nutzen oder keine Freude bereiten.

Übung

Nimm ein Blatt Papier und schreibe alles auf, was auch nur annähernd mit deinem schlechten Gewissen in Verbindung steht. Vom Kindesalter bis heute. Lass dir genau sieben Tage dafür Zeit. Du kannst jederzeit etwas ergänzen oder das Blatt einfach liegen lassen. Verbrenne am darauffolgenden Vollmond dein beschriebenes Blatt an einem Fluss. Blick dabei flussabwärts, während du das Blatt verbrennst und mit den folgenden, langsam gesprochenen Worten die Asche in das Wasser streust:

»Mein Licht, meine Liebe und mein Leben sind Fluss und Einheit im Geben. Ich nehme jetzt Abschied von diesen – was hier auf dem Blatt steht. Ahnen mein, möget ihr lichtvoll, göttlich beschützet sein. Herzlichen Dank.«

4. Trägst du Enttäuschung in dir?

Dem Partner zu vertrauen und viel Geduld zu haben, wird meist unbewusst als eine Selbstverständlichkeit angesehen. »Ja, mein Partner macht das schon.« Aber wenn die Erwartung nicht erfüllt wurde, was dann? Dann fehlt der Bezug zu sich selbst oder er ist verloren gegangen. Vielleicht hat auch der Partner keinen Bezug zu sich selbst und deshalb ist es nicht möglich, sich zu finden und sich zu öffnen. Das Bonding, das Beziehungsband ist nicht da.

Eine Partnerschaft ist zu Beginn erst einmal oberflächlich. Die Partner kennen sich noch nicht wirklich gut, am Anfang ist es immer schön. Ist der Partner liebevoll, warmherzig, selbstständig, humorvoll, attraktiv, entspricht dieser Typus vielen Menschen. Für eine Beziehung baut sich dann ein Bonding auf, ein Beziehungsband, das ein schönes Zusammengehörigkeitsgefühl entstehen lässt und ein starkes Gefühl von Sicherheit.

Allerdings kann dabei die Selbstkontrolle verloren gehen, sobald die Verantwortung für ein aktives Beziehungsband als Selbstverständlichkeit angesehen wird. Das Selbstvertrauen kann weniger werden oder sogar verloren gehen. Schwere

Enttäuschung ist in sich zu spüren, denn es wurde Vertrauen geschenkt und somit eine große Portion Erwartung an den Partner übertragen. Das wiederum sorgt für Druck auf den Partner, der eventuell nonverbal reagiert und Abstand sucht. Damit wurde das Vertrauen, das aus dem Herzen geschenkt wurde, missbraucht, was tiefe Sehnsucht nach Gesehen- und Verstandenwerden in dir auslöst. Seelenanteile werden dadurch abgegeben. Folglich fühlst du dich getreten, weil der Partner dich nicht erkennen und sehen kann.

Hier geht es wieder darum, dass der Selbstbezug fehlt und auch das eigene wahre Gefühlsempfinden. Solche Enttäuschung sitzt tief, das Herz und die Seele leiden. Der Partner, der sich weiterentwickelt hat, ist empört über die Haltung des anderen und wird sauer und wütend, obwohl diese Haltung nicht die Regel ist. Doch in diesem Moment ist das ein Schutz und eine Handlung aus Verzweiflung, aus dem Grund, sich nicht gesehen zu fühlen. Die W-Fragen kommen auf: »Warum passiert es nur mir?«, »Wieso darf ich nicht glücklich sein?«, »Weshalb muss ich so leiden?«, »Wann darf ich endlich im Fluss sein?«, »Wo finde ich den richtigen Partner?«, »Wer ist mit verantwortlich?«, »Wie soll denn nun meine Zukunft aussehen?« (Hier empfiehlt sich das Hörbuch *Negative Gedanken*, das über die Homepage www.rastoa.de. geladen werden kann. In diesem Hörbuch werden unter anderem viele Fragen an das Unbewusste gestellt).

An sich sollte nur eine Frage gestellt werden: »Wann verändere ich mein Bewusstsein dazu?« Alles ist eine Frage des Bewusstseins und des Selbstvertrauens in sich. Schön, wenn die Beziehung dann mit anderen Augen gesehen wird. Die Fragen sind danach: »Um was geht es eigentlich?«, »Warum ist die Beziehung gescheitert?« oder »Warum funktioniert die Beziehung nicht mehr so gut?«

Du musst keine Marionette deiner selbst sein. Durch wachsendes Bewusstsein kann dem ein Ende gesetzt werden. Gut ist, dass auf dem Weg der Erkenntnisse die Liebe gefunden und erlebt werden kann, wie sie funktioniert.

5. Ist die Leichtigkeit verloren gegangen?

Ist die Leichtigkeit in der Partnerschaft verloren gegangen, liegt es oft an unerfüllten Erwartungen. Darin kann erkannt werden, dass etwas nicht stimmt. Der Partner nervt mehr. Selbst ist Gereiztheit zu spüren. Die Erwartungen werden immer höher geschraubt. Oft fehlen auch die Kraft oder der Mut, mit dem Partner zu sprechen. Ein Mensch zieht meist unbewusst an den Nerven und Energien anderer. Es kann zu mehr Introvertiertheit als auch Extrovertiertheit kommen. Der Rückzug oder zu viel Freiraum können zu groß werden, um das Bonding in der Beziehung zu pflegen. Der Satz: »Ich bin nichts, ich hab nichts« wird zu häufig ausgesprochen, ohne zu bemerken, das damit ein großer Energieverlust einhergeht.

Kinder, Jugendliche, aber auch Erwachsene können sich dermaßen falsch verhalten, dass durch falsche Vorbilder bereits im Kindesalter grundlegende Samen zu negativen Gedanken gelegt werden. Es gibt in unserer Gesellschaft immer mehr Kinder, die ihre Leichtigkeit sehr früh verloren haben. Dafür gibt es natürlich auch individuelle Gründe.

Ältere Menschen tragen meist sehr viel Leid in sich, das sich über viele Jahre angesammelt hat. Ihr Leid könnte viele Bücher füllen. Es ist ein Geschenk an dich selbst, dich auf den Weg zu machen, für dich wirklich da zu sein. Erfrage, erkunde, wo das Leid begann und welche Muster gelebt werden. Was kannst du effektiv tun, um dein eigenes neues Ziel zu erkennen und zu verwirklichen?

Wachmeditation

Denk darüber nach, seit wann die Leichtigkeit in deiner Partnerschaft verloren gegangen ist. Lass dir bitte Zeit. Wenn du das Bild hast, dann lässt du in diesem Bild ganz bewusst die Wurzeln eines imaginären großen Baumes entstehen. Spüre diese Wurzeln kraftvoll in deinem Körper. Strecke nun deine Arme nach oben in den Himmel aus und lass die Wurzeln nach oben in den Himmel wachsen.

Atme durch deinen ganzen Körper. Atme von oben über die Hände, über die Arme, durch den Körper bis zum Bauchnabel ein, halte den Atem kurz an. Atme dann über die Beine, Füße nach unten wieder aus.

Vertrauen verloren

Wenn das Vertrauen mal zerstört ist, verschwinden auch
die Gefühle.
Vielleicht merkt man es zuerst gar nicht, weil man es
nicht wahrhaben will.
Vielleicht ist das Vertrauen auch noch nicht ganz zerstört.
Vielleicht schöpft der andere noch keinen Verdacht.

Jedoch ist ein Vertrauensbruch oder eine Lüge wie ein
    langsames Gift,
Das früher oder später eine Freundschaft oder eine
    Beziehung zerstört.
Da ist es manchmal sogar besser, sich rechtzeitig zu
    trennen, bevor aus Liebe Hass wird.
Es ist wichtig, auf seine Gedanken zu achten, denn sie
    kreieren eine
Selbst erschaffende Wahrheit.

Liebe ist, dem anderen zu vertrauen, in seinen Armen zu
Liegen, tief durchzuatmen und das Gefühl in sich zu
    tragen, ewig
Gehalten zu sein. Wie auf Engelsflügeln getragen. Sehn-
    sucht nach Nähe
Und Zärtlichkeit ist ein wunderbares Gefühl voller
    Sanftmut und
Leichtigkeit, wenn es um die Frage der Liebe im Herzen
    geht. Liebe ist,
Die Leichtigkeit ins Herz zu tragen. Jedes Wort, jede
    Handlung, jede
Berührung führen zu einem unsagbar großen Geschenk.

6. Trägst du Schuldgefühle in dir?

Jeder Mensch trägt wundervolle Potenziale und Werte in
sich. Daher ist Vergebung immer wichtig und sollte ein guter
Berater und Begleiter sein. Mehr in das Gefühl zu gehen, es
sein zu lassen. Je mehr gegen etwas gekämpft wird, desto stär-

ker wird der Druck auf dich selbst. Es fällt immer auf einen selbst zurück. Schmerz ist gelebter Druck. Es ist oft schwierig, sich selbst einen Fehler einzugestehen. Dabei ist es eigentlich so einfach. Aber das »sein lassen können« ist nur durch Erfahrung zu erreichen. Jetzt ist der beste Einstieg. Eine Entschuldigung würde das Ego anecken, das in diesem Moment im selben Boot sitzt und unter Druck steht. Doch das macht wiederum krank. Bockig und stur sein ist keine Lösung, jedoch weit verbreitet. Es ist auch nicht so einfach, wenn das Herz energetisch schwer verletzt ist.

Schuldgefühle sind immer dort, wo belastende Themen gelebt werden und Druck jeglicher Form zu finden ist. Bockig und stur sein konnte sich nur aus einem tiefen Schuldgefühl heraus kreieren. Das ist nicht in Kürze geheilt. Beobachte deine Handlungen ganz bewusst und achte darauf, was du fühlst. Aufmerksam sein gegenüber dir selbst, auf das, was geschieht, im Innen und im Außen.

Das Leben kann leichter gestaltet werden. Aber es braucht Zeit. Zeit, um zu verstehen, dass die Schuld auf keinem der Partner lastet, sondern in der Beziehung die aufmerksame Kennenlernphase verpasst wurde. Niemand ist schuld. Es ist nicht gut, in sich oder im Partner den Schuldigen zu suchen. Das meiste sind Missverständnisse, die aus Kommunikationsproblemen entstanden sind. Schuldgefühle kann man abtragen durch tiefe Gespräche in Liebe und Geborgenheit. Das Leben ist eine hohe Schule. Professionelle Hilfe aufzusuchen, ist daher sinnvoll.

Kommunikationsprobleme:

✧ Sich nicht zu trauen, dem Partner mitzuteilen, dass die Erotik und das Interesse verloren gegangen sind.

✧ Es nicht zu wagen, die Beziehung zu beenden, obwohl das der bessere Weg wäre, wenn die Beziehung nicht mehr zu retten ist.

Übung

Setz dich bitte bequem hin und atme durch. Schreibe mit deinem rechten Zeigefinger das Wort »Schuldgefühle« in Druckbuchstaben in die Luft. Ganz bewusst. Lass nun die Buchstaben größer werden. Atme tief durch und beginne das Wort in die Ferne schweben zu lassen, bis du es nicht mehr siehst. Wiederhole den Vorgang, bis du dich leichter fühlst.

Frage dich anschließend, was du dir schuldig bist und schenke es dir durch die aufkommenden Bilder oder als Gefühl. Schenke dir das, was du gerade aus deinem Inneren als Antwort bekommen hast.

Lass dir Zeit. Gib dir die Chance, die du verdient hast. Bedanke dich für diese Erfahrung.

7. Nimmst du dir Zeit für dich selbst?

Sich Zeit nehmen, einzig für sich, ist ein sehr großes Geschenk. Wie schön ist das Gefühl, geliebt zu werden. Ein Gefühl voller Glück für Körper, Seele und Geist. Das Gefühl, dich selbst zu lieben, hat mindestens dieselbe Kraft. Diese Kraft entwickelt in sich eine Macht, die über jegliche Vorstellung hinausgeht. Die

Zeit ist es, die Raum und Platz schafft für diese wundervolle Möglichkeit, sich um die Liebe zu kümmern.

Selbstliebe und Selbsthass liegen nah beieinander. Das hat damit zu tun, dass Selbsthass entsteht, wenn du dir etwas nicht vergeben kannst. Alles scheint dann zu nerven und Wut steigt auf. Achte daher darauf, öfter in Ruhe und Selbstliebe zu verweilen.

Die heilenden Gesetze am Arbeitsplatz und im Alltag

Der Arbeitsplatz sowie der Alltag sagen viel über die innere Einstellung und über unbewusste Gedankenmuster des Menschen aus. In etlichen Situationen und Herausforderungen wird der eigene Selbstwert gespiegelt. Viele Menschen fühlen sich an ihrem Arbeitsplatz nicht wohl, erhalten keine Wertschätzung und werden manchmal gemobbt. Sie sind traurig und kämpfen für ihre innere Kraft. Schlaflosigkeit, Mut- und Kraftlosigkeit stellen sich oftmals ein.

Das Gefühl, getrieben zu sein, liegt an dem Gedanken, aus dieser Situation bewusst oder unbewusst flüchten zu wollen oder zu müssen. Jedoch schleicht sich immer wieder der Impuls ein, dass man zu nichts fähig ist. Eine Entscheidungsunfähigkeit findet in diesem Gedanken viel Raum und Platz, um zu wirken. Stagnation ist letztlich die Folge. Entscheidungsunfähig zu sein, bedeutet weniger Selbstwert oder mangelndes Vertrauen in sein Leben. Eine negative Einstellung, in erster Linie über sich selbst, führt dazu, unentschlossen zu sein und nicht zu wissen, wie der nächste Schritt aussehen kann.

Vertrauen in sich zu finden, in dieser fordernden, unerfüllenden Arbeitssituation, kostet viel Zeit und Konzentration.

Fallbeispiel

Jutta N. war in einer Führungsposition in einer Firma angestellt. Sie fühlte sich in ihrer Arbeit unersetzlich. Sie setzte sich dadurch selbst enorm unter Druck. Ihre Vorgesetzten signalisierten ihr immer wieder, dass sie eine sehr große Verantwortung trägt, weil sie großes Wissen hat, das anderen fehlen würde. Sie hatte das Gefühl, dass sie die Firma im Stich lässt, wenn sie sich nicht über alle Maßen bezüglich Arbeitsüberstunden und übergreifende Arbeitsfelder einsetzte.

Von der einen Seite her betrachtet, setzte sie sich unter Druck, von der anderen Seite vermittelte es ihr ein stolzes Gefühl, weil die Abhängigkeit und Anerkennung von außen durch den fehlenden Selbstwert in ihr kompensiert wurde. Die Verantwortung wurde mehr auf die Arbeit übertragen als auf sie selbst. Für ihren eigenen Selbstwert wäre es wichtig gewesen, dass sie darüber nachgedacht hätte, ob eine Abhängigkeit, Kompensation durch die Arbeit vorhanden war.

Als Jutta N. eines Tages plötzlich gekündigt und durch eine scheinbar kompetentere Person ersetzt wurde, brach für sie eine Welt zusammen und sie fiel in ein großes Loch. Sie brauchte professionelle Hilfe, um aus ihrer tiefen Traurigkeit herauszukommen.

Das ist eines von vielen Beispielen, warum diese Haltung so intensiv, wie in der Geschichte beschrieben, gelebt wird. Es gibt eine Vielzahl individueller Gründe dafür, von Kindererziehung, Selbstsabotage bis hin zu Übergriffen. Ich möchte hier aber einen Grund aufführen, der selten in Betracht gezogen wird, jedoch sehr oft der Fall ist. Ich hatte bereits viele solcher Fälle in meiner Praxis. Es ist der mächtige Einfluss der Ahnen.

Im Beispiel von Jutta N. konnte ich sehen, dass es in der Ahnenreihe väterlicherseits einen Rückschluss zu diesem Thema gibt. Ihr Vater kümmerte sich kaum um sie und sie wurde immer nur kritisiert. Lob, Komplimente und Anerkennung blieben völlig aus. Also lag die fehlende Anerkennung in der Erziehung. Während der Sitzung trat ein Ahne in das Feld ein, ihr Urgroßvater. Er war sein Leben lang am Tragen: Steine für das Haus, Holz, er kümmerte sich um viele andere Menschen, damit sie das hatten, was sie brauchten. Aber niemand hat es jemals anerkannt. Niemand bedankte sich so, dass er es spüren konnte. Er half und half und half, bis er eines Tages seinem Leben erlag. Er konnte sich selbst nicht mehr sehen, in all seiner Gutmütigkeit und Selbstlosigkeit. Es war sehr traurig zu sehen, wie er sich selbst aufgegeben hatte. Aus vermeintlicher Liebe zu anderen Menschen.

Juttas Vater war stets so sehr beschäftigt, dass er seine Tochter nicht nur meist ignorierte, sondern auch all seine Verantwortung an sie abgab. Jutta beobachtete oft ihren Vater, der fast ohne Pause so tat, als wäre er unentbehrlich.

In diesem Beispiel ist zu erkennen, dass sich Themen aus der Ahnenreihe in das jetzige Leben projizieren. Aus der Ahnenreihe väterlicherseits zeigten sich folgende Muster: Selbstaufgabe, fehlende Anerkennung, Verantwortung abgeben, sich unentbehrlich fühlen.

Nach wenigen Sitzungen mit Jutta N. konnten diese übernommenen Muster gelöst werden. Sie fand eine neue Arbeitsstelle und brauchte nun nicht mehr die Anerkennung von außen. Durch die heilenden Gesetze der Liebe konnte sie ihre wahren Werte erheben, lernte diese lieben und leben. Wie im Beispiel von Jutta N. ein Thema im Jetzt geheilt werden konnte, können dadurch Urthemen der Ahnen auch erhellt, aufgelöst und geheilt werden.

Der Weg ist, sich selbst anerkennen zu können, und nicht die Anerkennung nur im Außen suchen zu müssen. Wenn nur die Anerkennung im Außen gesucht wird, besteht die Gefahr, *süchtig* nach Anerkennung zu werden. Problematisch kann es werden, wenn du glaubst, ohne die Anerkennung der anderen nicht überleben zu können bzw. nichts wert zu sein.

Wenn du dich selbst annimmst und respektierst, dann benötigst du immer weniger die Anerkennung von außen. Ein Kompliment hingegen ist eine positive Äußerung gegenüber einer anderen Person und kann *beide* sofort in eine höhere Schwingung versetzen. Komplimente teilen dem Gegenüber sofort mit, dass wir ihn schätzen. Lob und Komplimente sind meistens wirkungsvoller als Kritik.

Botschaft
Wisse, wenn dein Arbeitgeber dir gekündigt hat, dass auf jeden Fall etwas Neues, Besseres auf dich wartet. Versuche loszulassen, um diesem Fluss Raum zu schenken, um es wirken zu lassen.

Fühlst du tief in dir, dass du dir eine andere Aufgabe wünschst, du kündigen möchtest, aber Angst vor der Veränderung hast oder aus finanziellen Gründen abhängig zu sein denkst, dann arbeite dich über die heilenden Gesetze der Liebe frei. Du wirst deine Werte erheben und mit Neuem in Resonanz gehen können.

Gebet

»In Liebe rufe ich meine Schutzengel an. Bitte führt mich in meinen Lebensfluss, in meine Bestimmung. Haltet mir in meiner Arbeit Leid und Pein fern. Lasst mich spüren eure Flügel und schenkt mir Leichtigkeit in meinem Körper. Ihr seid gesegnet und Gesandte meines Herrn, der leuchtet in mir als leuchtender Stern.«

Dieses Gebet hilft dir, deinen wahren Arbeitsplatz zu finden und somit dein inneres Licht zu leben. Habe Geduld, es wird sich positiv verändern.

Affirmation

»Ich bin unendlich erfüllt in meiner Berufung und freue mich darüber, dass ich in meiner Arbeit Wertschätzung und Anerkennung bekomme.«

Die heilenden Gesetze der Liebe
bei Trauer und Verlust

Wenn ein von uns geliebter Mensch von uns geht, gibt es viele Gedanken und Fragen. In dieser Zeit ist es wichtig, liebevolle Begleitung an der Seite zu haben. Oft braucht es keine Worte. Die Anwesenheit lieber Menschen oder auch Tiere sind eine große Hilfe. Die Seele sucht Trost, sucht Heilung und vor allem Antworten. Der Trauerprozess braucht eine gesunde Zeit. Auch ist es wichtig, Hilfe und Unterstützung anzunehmen, um nicht am Gefühl des Alleinseins und des Verlustes eines lieben Menschen zu verzweifeln.

Oftmals sind Schuldgefühle sehr präsent. Dabei kommen die Fragen auf: »Habe ich alles richtig gemacht?«, »Warum ist es geschehen?«, oder ob es der richtige Zeitpunkt war. Die Frage, ob man etwas hätte besser machen können, taucht dabei meistens auf. Es ist heilsam, sich in keiner Weise Schuld zuzuweisen. Der Schmerz wird in sich getragen, der Weg der Heilung findet sich durch Gebet und liebevolle Gespräche. Nimm dir die Zeit zu trauern.

Du bist Liebe, pure Liebe, wenn du dich für sie öffnest und daran glaubst. Mögest du einen Weg finden, geführt und auch frei von Vorwürfen zu sein. Frei.

Gott sorgt für dich, zu aller Zeit! In so schwieriger Zeit darf gern nach oben, zu Gott, abgegeben werden. Jeder

Mensch ist geliebt und dieses Wissen soll tiefen Trost schenken.

Es ist ein wundervolles Bild, den Gegangenen in die Mitte des Herzens zu nehmen, um Wärme, Geborgenheit und Liebe zu geben. Eine Liebe, die auch schützend wirkt und Verständnis in sich trägt. Jeder von uns geht eines Tages zu seiner Familie zurück, zu der wir schon immer gehören. Zu all den Lieben: Mutter, Vater, Großeltern, Geschwister, Verwandte und Ahnen, die sehr wohl auf uns schauen. Es ist die große Familie. Es ist die sichtbare und unsichtbare Familie.

All das, was den Gegangenen und dich ausmacht, ist bereits gegangen oder wird noch gehen. In Liebe, in Geborgenheit, in die Ewigkeit, ins Licht.

Es gibt eine Macht, der wir alle unterworfen sind. Es geschieht aus Liebe, auch wenn es manchmal schwer ist, sie anzunehmen. Möge das kleine Licht bleiben, das kleine Licht irgendwo. Immer. So ist es.

Wann ist der richtige Zeitpunkt zu gehen? Ich denke, es ist immer zu früh. Trauernde fühlen einen Abschied immer als Verlust und auch oft gegen sich gerichtet. Jeder weiß, dass er sich nicht selbst geboren hat, sondern geboren wurde. Es soll ein Trost in der Zeit des Trauerns und des Verlustes sein, zu wissen, dass wir alle eines Tages in die Welt gehen, die weder gut noch böse kennt. Die Liebe kennt kein Urteil, sie ist bedingungslos. Jeder Abschied darf respektiert und akzeptiert werden. Wie es auch immer geschehen wird. Es ist ein vollendeter Weg.

Gebet

Vater unser, der du bist im Himmel.

Vater, Mutter, Gott, der du bist in mir,

Vater unser im Himmel,

Der du wohnst in mir.

Geheiligt werde dein Name.

Geheiligt bist du in deiner Form.

Dein Reich komme,

Du dehnst dich in mir aus,

Gottes Licht in mir,

Dein Reich komme so in mir.

Dein Wille geschehe,

Der du wohnst in mir,

Und dehnst dich aus.

Wie im Himmel, so auf Erden,

Wie du mir,

So in deinem Herzen.

Deine Liebe tief in mir.

Unser tägliches Brot gib uns heute.

Du versorgst mich in jedem Augenblick,

Du schenkst mir unendliche Versorgung.

Und vergib uns unsere Schuld.

Ich bin unendlich frei,

Vergib mir meine Unbewusstheit.

Wie auch wir vergeben unseren Schuldigern.

Vergebe an mich Freiheit tief in mir.

Ich vergebe bedingungslos.

Und führe uns nicht in Versuchung,

Führe mich aus der Versuchung,
Und erlöse mich von dem Bösen.
Du begleitest mich unter deinem Schutz,
Deinen Flügeln.
Befreie mich aus dem Widerwillen.
Denn dein ist die Kraft und die Herrlichkeit,
In Ewigkeit.
Danke.

Die heilenden Gesetze für
alles Leben um uns

Die heilenden Gesetze der Liebe bei Tieren

Durch welche Haltung fließt diese Energie zwischen Mensch und Tier?

Die Tierwelt ist ein heiliger Segen. Eine wundervolle Idee unseres Schöpfers. Tiere sind ohne Worte, denn sie gehören in unsere Herzen. Ihre Herzen führen sie zu uns. Jeder Mensch, der sich für ein Tier entscheidet, entscheidet sich für eine ganz besondere Verantwortung.

Jede Tierart hat ganz eigene Charaktere und selbst innerhalb einer Tierart gibt es individuelle Charakterzüge. Wenn eine Katze ihren Freiraum braucht, dann nimmt sie diesen unweigerlich in Anspruch. Versucht man, ihr den Freiraum zu nehmen oder wird in ihr Revier, ihren Ruheraum eingedrungen oder man kommt ihr zu nahe, wenn sie Ruhe gesucht hat, dann wehrt sie sich dementsprechend und schlägt zu. Katzen kann man nicht zwingen, irgendwo sitzen zu bleiben.

Ist man sich der Aufgaben und der Verantwortung, die das Zusammenleben mit einem Tier mit sich bringen, bewusst und trifft man die Entscheidung für eine Katze, entscheidet man sich, den Wert »Respekt« in sich, im eigenen Charakter zu veredeln. Das ist eine Entscheidung, sich für die eigenen *Wesen*szüge zu interessieren. Diese Wesenszüge können über die Liebe des Tierhalters in ihm gefördert werden. Gelingt es, so wird eine tiefe Herzsynergie mit dem Tierchen entstehen.

Es ist segensreich, sich darüber bewusst zu sein, dass sich die eigenen, niederen Gedanken und Handlungen in den Tieren widerspiegeln und diese dementsprechend reagieren können. Sie reagieren immer für die eigenen, inneren Werte der »Freiheit« und des »Friedens«.

Ein Tier vergisst einige niedere Handlungen des Tierhalters, doch sollten sie in jedem Fall vermieden werden. Konnte eine Herzsynergie bereits entstehen, fließt die kraftvolle Herzenergie des Tieres in den Raum der Selbstheilungskräfte des Tierhalters. Verspannungen werden gelöst und Ängste können transformieren. Ein zu besorgter Tierhalter überträgt unbewusst seine Ängste auf das Tier, was für das Tier Krankheit bedeuten kann.

Affirmation für das geliebte Tier
»Mein(e) … (Namen des Tieres einsetzen) ist innerlich frei, gesegnet und voller Liebe.«

Schutzgebet für ein Haustier
»Vater, Mutter, Schöpferkraft der Tierwelt, der du das göttliche Leben erschaffst. Schütze mein(e) … (Name) in seinem Heim. Reiche mir deine Gnade, sodass ich auch meine Hände schützend und heilend über sie/ihn legen kann. Danke.«

Dieses Kapitel bezieht sich auf alle Haustiere, die mit ihrem Herrchen bereits eine Herzsynergie erreicht haben. Für Tiere, die eingesperrt sind, zum Beispiel in Tierheimen, Tierparks oder die in extrem schwachen sozialen Umgebungen leben müssen oder in der Wildnis, gelten andere heilende Gesetze der Liebe.

Gebet für Tiere, die keinen geschützten, liebevollen Raum haben
Tief aus meinem Herzen rufe ich euch, ihr Wächter der Tierwelt. Mutter, Vater, Schöpfer der Tiere, der ihr seid im Herzen ihres Lebens. Mögen alle Tiere, die da weilen in Gefangenschaft ohne Liebe und ohne Ruhe gesegnet sein im Schutze des Höchsten. Lass ihnen deine tiefe Liebe zuteilwerden. In tiefer Dankbarkeit, Wertschätzung und in Ewigkeit. Danke.«

Das heilende Gesetz der Liebe für das Weltbild

- ✧ Wann soll der Respekt gegenüber der Natur gelebt werden? Wenn es zu spät ist? Was ist dein individueller Beitrag dazu?
- ✧ Was hilft es zu streiten – energetisch oder verbal –, wenn jeder nur nach Liebe und Frieden schreit? Wenn alle tieftraurig sind? Warum? Kann Innenschau ein perfekter Rückzug sein, um Heilung und Liebe zu erfahren? Ja!
- ✧ Gibt es das Glück, zur richtigen Zeit am richtigen Ort sein zu können, wirklich? Ja, wirklich? Ja, denn das Licht

wirkt direkt in das Leben ein, wenn der Mensch endlich mehr Bewusstsein und Verantwortung dazu übernimmt und aufhört zu kämpfen.

✧ Wann veränderst du dein Bewusstsein? Lebe deine Liebe und spüre den tiefen Frieden in dir, den du verdient hast. Mögest du immer zur richtigen Zeit am richtigen Ort sein.

✧ Wann möchtest du entspannen, um Antworten in dir zu gewinnen?

✧ Wann entscheidest du dich dazu, du selbst zu sein und es anderen nicht immer nur recht zu machen?

Die Erde braucht viele Rituale, Meditationen, Bewunderung, Berührungen von lieben Menschen und Gebete. Sie braucht aktive Einsätze für die Natur. All das ist der Beweis, das Leben auf Erden zu lieben.

Der Mensch muss zu sich selbst finden, dann geht es auch der Erde besser. Für alle, die das Bedürfnis haben, dennoch etwas für unsere geliebte Mutter Erde zu tun, hier ein Gebet für sie.

Gebet
»Im Namen der Menschheit bedanke ich mich bei allen himmlischen Schutzwesen und Schutzengeln für ihr Wächtertum auf Erden. Vergebt den Menschen alle ihre Untaten und führt sie in ihre Liebe. Mögen tiefe Dankbarkeit, Wertschätzung und Respekt der Erde geschenkt werden. Möge Friede auf Erden sein. Möge Friede in unserem Zuhause sein. Möge der Friede die Menschheit erheben. Gottes Segen. Danke.«

Meditationen

Meditation für Ruhe, um den inneren Frieden in sich auszudehnen

Du schließt deine Augen, streckst deine Wirbelsäule in die Gerade, atmest tief ein und aus, genauso lange ein wie aus. Beobachtest deine Atmung mit deinen Augen*blicken*. Du richtest deinen Blick, deine Augäpfel in die räumliche Mitte deines Körpers und beobachtest deine Atemzüge, begleitet durch deine Augen*blicke*.

Durch deine Aufmerksamkeit und deine Augen*blicke* führst und leitest du deine Atemzüge in deinen Körper, während du tief ein- und ausatmest. Je mehr du dich darauf konzentrierst, fällt dir auf, dass du immer mehr, tiefer und weiter ein- und ausatmen kannst, das Leben und die Bewegung ein-, lang und tief und denselben Weg nach unten wieder ausatmest.

Du bleibst in der räumlichen Mitte deines Körpers und steuerst die Geschwindigkeit deiner Atemzüge und stimulierst damit auch deine Herzfrequenz in die Frequenz, die sich Friede nennt. Je mehr du dich auf die räumliche Mitte deines Körpers konzentrierst, deinen Atem lenkst durch Aufmerksamkeit und Augen*blicke*, empfindest du immer mehr und mehr tiefe Ruhe, innere Weite, Friede und die ankommende Sehnsucht in deinem Sein.

In der Tiefe liegt die Mitte deines Seins und diese befindet sich in der räumlichen Mitte deines Herzens, auf die du nun deine Aufmerksamkeit lenkst. Atme dabei *tief*, lang, weit *ein* und *aus* und lass deine Aufmerksamkeit in der räumlichen Mitte deines Herzens.

Während du deine Aufmerksamkeit in der räumlichen Mitte deines Herzens aufrechterhältst, spürst du neben der *Ein*- und *Aus*atmung in deinem Körper noch eine leichte latente Unruhe, die sich durch deine Aufmerksamkeit immer mehr und mehr in den *Frieden* lenken lässt, in *deine* friedvolle Aufmerksamkeit, in *deine* Achtsamkeit *deiner* selbst, indem du tief und ruhig *ein*- und *aus*atmest. Du lässt deine Aufmerksamkeit in völligem Urvertrauen in der räumlichen Mitte deines Herzens. Deine Augen*blicke* ruhen sich aus in dir, in deinem Herzen, und führen den Körper mehr und mehr in den Frieden.

Nichts und niemand kann dich von diesem Weg abbringen, dich selbst in dir zu stärken, zu stärken, stärken und *dein* wahres Selbst und *deine* Fähigkeiten ausstrahlen zu lassen. Sehnsucht, sehnen, die Sehnen, dehnen durch atmen in die Beweglichkeit. Du sehnst dich gern und dehnst dich innerlich durch das Ein- und bewusste Ausatmen und schaffst so immer mehr und mehr Platz und Raum für eine innere Wandlung und Bewegung, Weg. Dein Körper gewinnt immer mehr und mehr an Raum und Platz zum Atmen und gleichzeitig fließt Friede in dir aus der Tiefe deines eigenen inneren Universums.

Du spürst die Wahrhaftigkeit, die Veränderung in dir und es wird heller und lichter, weiter in dir. Deine Füße sind verbunden mit der Erde, sie sind schwer und dennoch leicht. Du fühlst dich sicher in deinem Körper, und während du dich auf die räumliche Mitte deines Herzens konzentrierst und mit Augenblicken in dir verweilst, bist du sicher, rund und fest mit der Mutter Erde verbunden, du hast Halt, Schutz und Sicherheit.

In diesem Augenblick öffnest du dein Kronenchakra, indem du mit leicht geöffnetem Mund in den Gaumen hinauf einatmest, den Atemzug auf deinem Gaumen spürst und gleichzeitig dein Bewusstsein auf dein Kronenchakra lenkst.

Du bist verbunden mit der Mutter Erde, stehst mit beiden Beinen auf ihr. Deine Füße sind verwurzelt in ihr, dein Kronenchakra ist offen und geschützt, und *licht*volle Energien richten sich in *dir* auf, auf für deine Präsenz und Ausdehnung in deinem Sein und in deinem Leben.

Du spürst die Brise bei jedem Atemzug, die Leichtigkeit des Seins durch ein zartes Kribbeln auf deiner Haut, durch ein kleines Kitzeln in deinem Körper, der lichte Fluss des Lebens, die Lebenswellen in dir richten dich auf und auf; und wenn du dich in diesem Moment im Rücken leicht verspannt fühlst, vertraue dieser lichtvollen Lebenswelle, dich in ihrem und somit mit deinem eigenen *Lebens*rhythmus aufzurichten: »Ich *liebe*, das was ich tue und ich *liebe*, das was *ich* bin.«

Du weißt von deinem Raum des Friedens in dir und kannst dich jederzeit in diesen Raum erinnern, erkennen und wachsen. Du hältst deinen inneren Blick, deinen Augen*blick* in die räumliche Mitte deines Körpers auf die Höhe deines Solarplexus und beginnst, mit dem Bewusstsein hier in diesem Raum zu sitzen, tiefer und kraftvoller zu atmen, ohne diesen Punkt im Solarplexus zu verlassen. Du lässt deinen

Augenblick darauf gelenkt und siehst diesen Frieden, die Ruhe, Weite und Ausdehnung in das Hier und in das Jetzt. Das Herz ist ruhig, möge die Herzfrequenz die Frequenz des tiefen Friedens finden und sich in jedem Augenblick immer mehr und mehr daran erinnern.

»Ich *liebe* mein Herzwesen Ich *liebe* es und bin frei. Ich atme, fokussiert auf den Solarplexus, noch dreimal kraftvoll *ein* und *aus* und öffne liebevoll mit dem nächsten Atemzug die Augen.«

Impulse, Gedanken-Poem

Kind Gottes
Das Schönste, was Gott in dir erschaffen hat, bist du.
Schön, dass der Himmel dich hat. Finde heute einen
    glück-lichen Tag in dir
Und wisse, dass die Zeit alles heilt, was dir im Verborgenen blieb, wenn
Du alles sein lässt – so wie es ist.

Zeit der Engel
… ein Engel, der deinen Namen trägt … sollte immer
    Zuflucht in deinem Herzen finden.
Du mit dir – in dir – für dich.
Sei es dir wert, an dein heiliges und ganz besonderes
    Wesen in dir zu glauben.
Jeder Atemzug heilt Anspannung und Verspannung …
    Ja, auch deine.

Einfach nur bewusst atmen und sein. Lass es sein.
Engel wirken durch deine bewusste Atmung »in dir« am
 liebsten.
Bewege dich in dir – atme, und du wirst heilsame Veränderung erfahren.

Was und Wer
Jede Seele, die sich allein fühlt, sehnt sich nach Glaube,
 Halt und Licht.
Wenn du eine von diesen Seelen bist – was bist du be-
 reit, dafür zu geben?
Aufmerksamkeit? Geduld? Sanftmut? Wertschätzung
 gegenüber dir selbst?

Liebe
Die Liebe hat eigentlich keine Gegenwart.
Man sehnt sich nach ihr oder erinnert sich an sie.
Irgendwie, irgendwo, irgendwann – zieht sie jeden
In ihren tiefen Glauben,
In ihre tiefen Atemzüge,
Tief in ihren Bann.
Wahrhaftig derjenige, der sie in sich lebt und folgen
 kann.

Liebe ist mehr
Liebe ist viel mehr als nur ein Gefühl.
Die Liebe ist ein lichtvolles Sein.
Sie ist in allen positiven Worten und

Positiven Handlungen und einer lichtvollen
Edlen inneren Haltung zu finden.
Sie ist eine Entscheidung.
Immer und immer wieder, wie der
Mensch mit sich und mit seinen
Mitmenschen umgeht.
Die Liebe ist auch die Entscheidung,
Für sich Ja zu sagen und für sich Grenzen
Zu setzen.

Das endlose Tun
Tag und Nacht
Sein und Wirken
Wir blicken in die Ferne
Mit unseren Augen
Oder
Mit unserem Geiste
Und
Erkennen,
Dass es nichts gibt,
Was uns wirklich zerstören kann

Wenn das Licht wirkt
⇨ durch den positiven Gedanken
⇨ durch die entspannende Atmung
⇨ durch liebe Worte in dir selbst und anderen,
Wächst das Urvertrauen und lässt das Leben fließen.
Im Fluss der Liebe.

Liebe ist Bindung
In erster Linie zu sich selbst
Vergeben ⇨ Ja, sich selbst

Der Herzpuls pulsiert und schwingt ewiglich
Je größer und tiefer die Entspannung,
Desto näher die Lösung.
Die Antwort fließt in der Entspannung.
In der Verspannung lebt die Vergangenheit.

Vergangenheit – vergehen
Nicht in die Vergangenheit gehen, sondern hierbleiben –
    nicht weglaufen
Stehen – zu sich stehen
Für sich
Und somit für die Welt

Unruhe in Europa bedeutet, dass Unruhe auch in jedem
    Europäer zu finden ist.
Auf allen Ebenen,
Ruhe finden – damit der Friede einkehren kann.
Es lohnt sich, dir Zeit für dich zu nehmen. Ich tue es!
In jeder Pflanze,
In jedem Tier,
In jedem beseelten Menschen,
In allem, was ist,

Möge Ruhe einkehren
Für die Unantastbarkeit der neuen Zeit.
Einheit bedeutet Freiheit in sich.
Wir stehen
Jeder für sich,
Und doch ist niemand allein,
Nicht, wenn die Intention dieselbe ist.
Für alles, was Liebe ist, machen wir es.
Glaube ⇨ und dein Leben wird dir gehören.

Deine Wahrnehmung wird sich noch mehr in das Licht
    ausrichten,
Damit du die nächste Schwelle der Ordnung leichter
    überwindest
Und die Angst verlierst, für dich zu stehen.
Egal wie,
Egal wann,
Egal für was,
Wichtig ist, du tust es,
Damit das Leid ein Ende hat.
In allem,
In jedem,
Wir sind Engel.
Niemand hat die Macht, uns unsere Flügel zu schneiden.
Ich tue es – jeden Tag,
Egal wie,
Ich mache es.
Rastlos.

Denn es lohnt, für sich zu sein.
Ich hoffe, dass ich dir heute etwas schenken konnte.

Hört nicht auf zu glauben. Niemals.
Auch wenn die Zeit für viele schwer ist, es lohnt sich.

Umbrüche überall zu erkennen,
Ich halte durch – du?
Ich bete für dich, dass auch du die Kraft hast
Durchzuhalten, und der lieben
Mutter Erde ein lichtvolles Samenkorn bleibst.
Ich tue es – denn ich wüsste nicht,
Was sonst so wertvoll sein könnte.

Geistiger Wandel – energetische Reinigung im großen
    Feld.
Halte dich ruhig, so gut es geht, dann zieht alles Un-
    erwünschte an dir vorbei.
Ruhe – immer und immer wieder in die Mitte kommen.
Atmen, Fokus, entspannen.

May Peace prevail on Earth

Danksagung

Als Allererstes möchte ich mich bei meinen Wesenheiten bedanken, die mir den wundervollen Impuls schenkten, mein zweites Buch zu schreiben, und es so einrichteten, dass ich meiner Verlegerin Sabine Giger erneut begegnen durfte. Herzlichen Dank für dein Vertrauen und deine liebevolle Begleitung. Mögen dich deine Engel mit himmlischen Geschenken belohnen.

Einen großen Dank verdient Amelie, du bist mir wie ein Engel nicht von der Seite gewichen, da du so stark spürtest, dass du mich erneut bis zur Fertigstellung des Buches begleiten solltest. Du halfst mir, die gechannelten Texte in Form zu bringen. Mein unendlich tiefer Dank an dich ist nicht in Worte zu fassen.

Einen weiteren tiefen Dank möchte ich Jana schenken. Du berührtest mich mit deiner Liebe und mit deinem Glauben an mein Buch. Du hast mir wertvolle Momente geschenkt. Danke für deine Unterstützung.

Lichtvolle Dankesgrüße sende ich an Caro, Christoph, Anneliese, Anna-Marie, Sabine. Ich danke euch herzlich dafür, dass ihr für mich da gewesen seid, bedanke mich für eure Treue.

Ich möchte mich auch bei all meinen Schülern bedanken, dass ihr eure lichtvollen Gedanken in die Welt hinaussendet, und für eurer Vertrauen, das ihr mir entgegengebracht habt. Danke an meine Klienten, für die ich wirken durfte, und die mir ihr Herz geöffnet haben.

Porträt Ramona Veda

Die Heilerin und spirituelle Lehrerin Ramona Veda ist viel beschäftigt und oft auf Reisen, in Europa und der ganzen Welt. Gerade war sie in Holland und hat dort einen schwer kranken Mann behandelt, dem die Ärzte prophezeit hatten, er hätte nur noch wenige Wochen zu leben. Bereits von zu Hause aus konnte Ramona »sehen«, dass der Tod im Lebensplan dieses Mannes zum jetzigen Zeitpunkt nicht vorgesehen war. Kurz entschlossen setzte sie sich in den Zug und reiste zu ihm. Nach zwei intensiven Behandlungstagen, in denen viele Emotionen freigesetzt wurden, fühlte sich nicht nur der Patient selbst, sondern alle Familienmitglieder befreit. Sie hatten wieder Hoffnung geschöpft. Wenige Tage später konnten die Ärzte keine Spur mehr von seiner schweren Krankheit feststellen, sie sprachen von einer Spontanheilung. Ein Wunder.

Wer Ramona kennt, weiß, dass sie ähnliche »Wunder« sehr oft erleben darf. Dabei betont die junge, bescheidene Frau aus Bayern immer wieder, dass sie bei solchen Heilungen »nur« eine Art Mittlerrolle einnimmt. Damit die Transformation, die die Heilung ermöglicht, gelingen kann, muss auch der Betroffene selber intensiv mitarbeiten. »Das ist jedes Mal eine neue und spannende Erfahrung für mich, sich mit einem einzelnen Menschen und seiner Geschichte auseinanderzusetzen«, berichtete sie. »Das Schicksal dieses Mannes hat mich – wie jedes Einzelschicksal – sehr bewegt.«

Von Kindheit an hat Ramona – wie sie erklärt – einige Sinne mehr als die fünf menschlichen. Sie nehme mehrdimensional wahr, sei hellsichtig, hellhörig und hellfühlig. Sie sehe die geistige Welt so, wie wir unsere materielle Umwelt sehen. Und so, wie wir mit unseren Mitmenschen kommunizieren, so könne sie sich mit den Engeln und Wesen aus der geistigen Welt austauschen. Im Laufe der Jahre hat Ramona ihre hohen Fähigkeiten stetig weiterentwickelt und immer besser gelernt, mit diesen außergewöhnlichen Gaben umzugehen. Das Besondere sei, dass sie sich nicht mit der geistigen Welt *verbinden müsse*, um mit deren Hilfe zu arbeiten. Mit ihrem hoch entwickelten Bewusstsein *lebe* Ramona in beiden Welten zugleich. Durch ihren direkten Zugang zum geistigen Reich, zu seinen Geheimnissen, seinem allumfassenden Wissen, dem kosmischen Leben und hohen Energien ist sie Mittlerin zwischen beiden Welten.

Mit ganzem Herzen geht sie ihrer Mission nach. Sie sieht es als ihre Aufgabe an, als Lebenslehrerin, Heilerin, Medium und spirituelle Friedensbotschafterin zu arbeiten, sowie Mensch und Planet zu helfen, sich zu entwickeln und das eigene Potenzial zu entfalten.

Ramona begegnet jedem Menschen auf der Ebene seiner Seele. Wie ein himmlisches Wesen agiert sie aus reiner Liebe und verhilft den Menschen dazu, an sich selbst zu glauben. Dabei betont sie, dass Heilung ein Geschenk des Universums

an uns Menschen sei. Sie selbst diene als Kanal – durch sie dürften Wesen aus der höchsten Ebene der geistigen Welt heilen.

Ihr Buch *Die heilenden Gesetze der Liebe* entspringe, wie sie erklärt, neben den Berichten über ihre persönlichen und menschlichen Erlebnisse, ebenfalls den hohen Ebenen der geistigen Welt. So zeigt Ramona Rosenstern uns durch dieses Buch etwas, das unser menschlicher Verstand allein nicht greifen kann. Es berührt uns tief in unseren Herzen. Denn es ist der Weg zu unserem eigenen höheren Bewusstsein.

Mein Spektrum

Ich bin Channel, Heilmedium, Expertin für Energietransformation und Quantenenergetik. Ich lebe nach meiner Intuition, geführt durch Engel, Natur- und Geistwesen sowie Geistführer, mit denen ich seit meiner Kindheit in Kontakt stehe und denen ich als Kanal diene.

Ich bin medial geführt und
 ✧ empfange Botschaften
 ✧ transformiere Ängste, Schmerzen und Krankheiten
 ✧ höre und spüre feinstofflich
 ✧ gebe Hilfestellung zur Veränderung
 ✧ leite liebevoll Transformationen ein
 ✧ lebe und lehre die hohe Kunst des Geistes
 ✧ diene als Vermittlerin zwischen Himmel und Erde
 ✧ mache Geistheilung sichtbar und erlebbar
 ✧ trage dich auf eine höhere Bewusstseinsebene

✧ biete dir individuelle Unterstützung, Persönlichkeitsent-
  wicklung

für eine spürbar höhere Lebensqualität. Ich bin ebenso Busi-
nessmentorin für Führungskompetenz, Persönlichkeits- und
Bewusstseinsentwicklung.

Ich lehre und lebe die hohe Kunst des Geistes.

Weitere Informationen und meine Kursangebote findest du
auf meiner Website
  www.rastoa.de

Der Autor beschreibt, wie wir unsere innerer Balance erreichen können. »Im Moment des Annehmens und des Loslassens erfahren wir die absolute und bedingungslose Liebe.«

Mit Beispielen und Übungen wird der Leser zur Auseinandersetzung mit sich selbst und damit zu einem erfüllten und glücklichen Leben geführt.

Pirmin Loetscher
Annehmen und loslassen
Mit innerer Balance zu einem erfüllten Leben
Taschenbuch
ISBN 978-3-905958-87-4

www.gigerverlag.ch